EXPOSITION INTERNATIONALE DU CENTENAIRE DE PASTEUR

LES ASSURANCES SOCIALES EN ALSACE ET EN LORRAINE

EXPOSITION INTERNATIONALE DU CENTENAIRE
DE PASTEUR

— (JUIN-OCTOBRE 1923) —

LES
ASSURANCES SOCIALES
EN
ALSACE ET EN LORRAINE

STRASBOURG

JUIN 1923

EXPOSITION INTERNATIONALE DU CENTENAIRE
DE PASTEUR

— (Juin-Octobre 1923) —

Section 15

ASSISTANCE ET PRÉVOYANCE SOCIALES

Classe 37

ASSURANCES SOCIALES

COMITÉ D'HONNEUR de la Classe 37
(ASSURANCES SOCIALES)

Président :

M. Jourdain, Député, ancien Ministre du travail, président de la Commission d'Assurance et de Prévoyance sociales de la Chambre des Députés.

Vice-Président :

M. Grinda, Député, Rapporteur du projet de loi sur les assurances sociales.

Membres :

M. Cahen-Salvador, Maître des requêtes au Conseil d'État, Directeur honoraire au Ministère du travail ;

M. Dollfus, Administrateur-Directeur de la Société Alsacienne de Constructions Mécaniques à Mulhouse ;

M. Imbs, Secrétaire général de l'Union des Syndicats ouvriers d'Alsace et de Lorraine ;

M. Roux, Directeur du travail de la Législation ouvrière et des Assurances sociales à Strasbourg ;

M. Valadier, Directeur des Retraites et des Assurances sociales au Ministère du travail.

Préface

Allocutions de M. A. Millerand, Commissaire Général de la République aux assemblées plénières de l'Office général des Assurances Sociales d'Alsace et de Lorraine, des 5 mai et 13 décembre 1919.

Allocution du 5 mai 1919

Messieurs,

L'arrêté du Président du Conseil du 15 mars 1919 a créé à Strasbourg un Service général des Assurances Sociales d'Alsace et de Lorraine, transformé en *Office Général* par l'arrêté du 9 avril, et chargé d'exercer toutes les attributions appartenant antérieurement à l'Office Impérial des Assurances.

Je n'ai pas à vous rappeler l'étendue de vos attributions. Compétent pour toutes les questions d'ordre administratif, contentieuses ou financières concernant les assurances sociales et l'assurance en faveur des employés privés, l'Office général est appelé à exercer la surveillance des offices ou institutions d'assurances, à examiner les hautes questions se rattachant tant à l'application de l'assurance qu'à l'adaptation des textes législatifs ou réglementaires, enfin, à décider sur les questions administratives à lui réservées par la loi et à réviser, comme juge de dernière instance, les décisions prononcées en matière contentieuse par les Offices Supérieurs.

En le créant, le gouvernement français a nettement marqué sa volonté de conserver aux travailleurs alsaciens et lorrains le régime d'assurance et de juridiction auquel ils sont attachés.

Le Code du 19 juillet 1911, qui englobe l'assurance « maladie » créée en 1883, l'assurance « accidents » créée l'année suivante, et l'assurance « invalidité » établie en 1889 et remaniée dix ans plus tard, constitue le statut actuel des assurances sociales en Alsace et en Lorraine.

A coup sûr, la France est en mesure de présenter, à ce point de vue, un ensemble d'institutions qui ont fait leurs preuves. A côté de notre législation sur les sociétés de secours mutuels, la loi de 1898 sur les accidents du travail, et celle de 1910 sur les retraites, présentent un ensemble de dispositions offrant aux classes laborieuses des garanties incontestables. Sans vouloir instituer ici un parallèle entre le système français et le régime allemand, je veux seulement vous donner l'assurance que les trois branches de vos assurances sociales seront maintenues intégralement.

Vos Caisses de maladies groupent plus de quatre cent mille assurés. Elles ont eu, comme les particuliers et les personnes morales de tout ordre, à souffrir des charges de la guerre. Le nécessaire sera fait pour la sauvegarde intégrale de leurs droits et pour que la liquidation du passé s'opère sans augmentation de charges pour les assurés.

Nous porterons toute notre attention sur la situation de l'Institut d'assurance-invalidité d'Alsace et de Lorraine. Sa fortune, qui n'est pas loin de 80 millions, a, elle aussi, subi du fait de la guerre une atteinte notable due tant à la diminution des recettes coïncidant avec la diminution du travail, qu'à des difficultés financières provenant notamment de son stock de valeurs allemandes. Toutes les mesures utiles seront prises, d'accord avec les représentants des employeurs et des assurés, pour améliorer la situation.

Des assemblées tenues, le 21 janvier et le 6 mars dernier, par les représentants des patrons et des ouvriers, ont émis le vœu que le statut de l'organisation de l'assurance-accidents fut maintenu dans ses traits essentiels. Je n'aperçois pas d'objection à conserver le caractère obligatoire de l'assurance, les taux et autres conditions de détermination des pensions, allocations, etc., la juridiction spéciale des offices, le pouvoir des institutions d'assurance d'imposer les mesures préventives ou de sécurité aux industries qu'elles concernent.

J'en aurais fini si je ne devais dire un mot d'une question qui préoccupe à bon droit une intéressante catégorie de travailleurs : celle de l'assurance en faveur des employés privés. Il me paraît certain qu'on ne saurait songer à l'abroger, d'abord parce que sa disparition priverait les employés au-dessus de deux mille cinq cents francs d'une assurance qui leur a été accordée ; ensuite, parce que, dès aujourd'hui, il existe des droits acquis, notamment à des veuves ; enfin, parce qu'on ne saurait priver une catégorie tout à fait digne d'intérêt des soins médicaux et, le cas échéant, du traitement curatif qui leur sont actuellement assurés. Dès à présent, des mesures ont été prises pour continuer le fonctionnement du régime établi par la loi du 20 décembre 1911.

Cette loi n'appelle-t-elle pas des modifications? Le chiffre de la population à laquelle elle s'applique n'est-il pas trop bas pour servir de base actuarielle à un régime d'assurances « invalidité » de cette importance? Autant de points qui devront être étudiés et réglés d'accord avec tous les intéressés, examen fait des éléments techniques du problème.

Ce que j'ai voulu affirmer pour ce groupe d'intéressés, comme pour l'ensemble des travailleurs d'Alsace et de Lorraine, c'est qu'ils n'ont aucune inquiétude à concevoir sur l'avenir de leurs assurances sociales. La France républicaine a mis depuis longtemps au premier rang de ses préoccupations la sécurité des travailleurs. Elle entend, en maintenant intégralement les avantages sociaux assurés aux ouvriers et employés d'Alsace et de Lorraine par la législation existante, y puiser les éléments susceptibles d'améliorer ses propres lois et procurer ainsi de nouveaux avantages à l'ensemble des travailleurs français.

Allocution du 13 décembre 1919

Messieurs,

Je remercie votre Président d'avoir bien voulu rappeler que j'avais tenu à présider votre première Assemblée générale pour vous assurer que je portais le plus haut intérêt à vos travaux.

Dès lors, il a été entendu que les assurances sociales, telles qu'elles existent en Alsace et Lorraine, subsisteraient, et que les populations ouvrières et laborieuses, qui attachent un si grand prix au maintien de dispositions dont elles ont apprécié la valeur, pouvaient sans inquiétude envisager l'avenir. Je n'ai pas aujourd'hui à réitérer ces assurances : elles ont été confirmées par les faits.

Au risque de ralentir un instant vos travaux, j'ai voulu, en présidant aujourd'hui votre Assemblée plénière, donner un nouveau témoignage public de l'importance que l'Administration et le Gouvernement français attachent à vos travaux.

Vous avez à appliquer, à améliorer la législation dont vous êtes chaque jour les artisans précieux et dévoués.

Au nombre des questions que vous vous préoccupez de résoudre de la manière la plus juste, et aussi la plus favorable à vos intérêts, celle des contrats médicaux vous préoccupe tout d'abord. Si je suis bien informé, les choses ne vont pas toutes seules. Vous vous trouvez en présence de médecins qui, groupés en syndicat, ont la volonté légitime de défendre leurs intérêts. Il n'entre certainement pas dans leur pensée d'abuser de la force que leur apporte leur union et je suis certain que vous arriverez à une solution qui, tout en respectant les intérêts du corps médical, ne sacrifie pas ceux des caisses.

Un second ordre de questions se rattache aux circonstances tragiques dans lesquelles nous avons vécu pendant près de cinq années. Il n'est guère de situations qui n'aient eu à supporter les répercussions de la guerre.

C'est ainsi que vous vous préoccupez de prolonger, pendant une certaine période encore, les secours qui ont été accordés en raison de la cherté de la vie. Pour la même raison, vous avez inscrit à l'ordre du jour la consolidation des secours d'allaitement et d'accouchement qui ont été étendus pendant la guerre. De même, il semble indispensable, étant donné l'élévation des salaires, de majorer le taux auquel l'assujettissement à l'assurance-accidents est permis ou obligatoire.

Enfin, d'autres questions sont posées qui sont la conséquence directe de la transformation survenue dans la situation de nos deux chères provinces. — Un régime nouveau a remplacé le régime allemand, et, de ce fait, il y a lieu d'examiner la reconstitution des caisses libres agréées pour les Alsaciens-Lorrains qui étaient affiliés à des caisses allemandes de cette catégorie.

Un autre problème, non moins important, est celui de la coordination des deux législations locale et française. Vous vous préoccupez d'obtenir, et je suis certain que, grâce notamment au concours de M. Guyot, dont j'étais très heureux d'entendre tout à l'heure faire l'éloge, vous obtiendrez que le paiement des rentes des Alsaciens et Lorrains soit assuré par la Poste dans toute la France.

Il importe également de savoir, d'une part, comment va être réglée en Alsace et Lorraine la situation des employés et des ouvriers venus des autres parties de la France et placés sous le régime de la loi sur les retraites ouvrières et paysannes ; d'autre part, comment vont être utilisées pour leur assurance-invalidité les cotisations des Alsaciens et Lorrains qui résident dans les autres parties de la France.

S'il ne saurait être question de toucher aux Assurances sociales d'Alsace et de Lorraine, on ne peut davantage accepter qu'indéfiniment subsiste en Alsace et Lorraine une législation différente de celle du reste de la France. Il faut arriver à une fusion des deux parties.

Je suis un partisan de l'assurance obligatoire, mais je connais les bienfaits qu'a obtenu l'initiative privée. Il y a là une étude à faire, une fusion à accomplir et je me permets de compter sur vous pour apporter la collaboration la plus précieuse et la plus compétente à cette œuvre complexe et difficile.

J'y compte d'autant plus que, j'en suis convaincu, vous apporterez au reste de la France, non seulement l'expérience que vous avez acquis dans la pratique de cette législation sociale, mais ce qui vaut mieux encore, votre esprit et vos traditions.

Votre législation offre des avantages qu'il est impossible de nier. Il suffit de pénétrer dans une de vos caisses-maladie, de se rendre compte de son fonctionnement, pour toucher du doigt les résultats bienfaisants que réalisent tous les jours vos assurances.

Au-dessus de ces résultats matériels, il y a des avantages moraux qui, pour une démocratie, sont inestimables.

Un des grands avantages de vos lois sociales, c'est qu'elles associent l'assuré aux œuvres qui contribueront à son bien-être.

Le travailleur participe à la gestion de ces institutions. De sa collaboration avec les patrons, avec les représentants d'intérêts différents, naissent insensiblement des mœurs et des habitudes d'une rare importance au point de vue social.

Ainsi les travailleurs s'accoutument à se rendre compte par eux-mêmes de la réalité et de la distance qui sépare la conception de l'exécution.

Je salue dans les assurances sociales des œuvres admirables, aussi précieuses au point de vue matériel qu'au point de vue moral.

Je vous remercie, Messieurs, du dévouement que vous leur consacrez. Vous pouvez compter, dans votre noble tâche, sur le concours sans réserve de l'Administration et du Gouvernement français.

CHAPITRE PREMIER

RÉGIME GÉNÉRAL DES ASSURANCES SOCIALES

Aperçu historique

Le secours mutuel libre de 1852 à 1883. — La législation sur les assurances ouvrières s'est développée graduellement, en Alsace et en Lorraine, depuis 1852.

Au moment de l'annexion, l'assurance libre fonctionnait par l'organisme des Sociétés de secours mutuels privées, sous le régime de la loi du 15 juillet 1850 et du décret du 27 mars 1852 et par celui des Sociétés de secours mutuels libres, soumises à l'article 291 du Code pénal.

D'après ce statut fonctionnaient, en 1871, dans les territoires enlevés à la France, cent trente-six Sociétés privées avec vingt-cinq mille sociétaires et deux cent cinquante-huit Sociétés libres, surtout professionnelles, avec trente-quatre mille membres.

Ce régime des Sociétés de secours mutuels a seul existé en Alsace et en Lorraine jusqu'en 1883.

Les assurances ouvrières obligatoires depuis 1883. — L'assurance obligatoire, introduite en 1883, a suivi les étapes successives marquées par les lois ci-après :

Loi du 15 juin 1883, instituant l'assurance des ouvriers contre la maladie ;

Loi du 4 juillet 1884 établissant l'assurance contre les accidents du travail dans les entreprises industrielles ;

Loi du 5 mai 1886, étendant l'assurance contre la maladie et les accidents aux entreprises agricoles et forestières ;

Lois des 11 et 13 juillet 1887, étendant l'assurance-accidents aux ouvriers du bâtiment et aux gens de mer ;

Loi du 22 juin 1889, établissant l'assurance contre l'invalidité ;

Lois des 10 avril 1892, 30 juin 1900, 25 mai 1903, modifiant et complétant la législation sur l'assurance-maladie ;

Loi du 13 juillet 1899 complétant l'assurance contre l'invalidité ;

Loi du 30 juin 1900 améliorant l'assurance contre les accidents du travail.

Toutes ces lois ont été codifiées par la loi du 19 juillet 1911 (C. A. S.) établissant un régime d'ensemble des lois précédemment en vigueur.

En outre, une loi du 12 juin 1916 a fixé à soixante-cinq ans, au lieu de soixante-dix, l'âge nécessaire pour l'obtention de la pension de vieillesse, et élargi l'attribution des pensions accordées aux veuves et orphelins.

Les assurances ouvrières obligatoires d'après la loi de 1911. — La loi du 19 juillet 1911, qui comprend 1.805 articles, constitue, en même temps, une codification de la législation antérieure et un développement des assurances existantes, notamment par l'extension de l'assurance-maladie et par l'attribution de rentes aux survivants dans l'assurance-invalidité.

La codification des lois d'assurance sociale a eu pour résultat d'introduire des règles uniformes dans l'administration, le contrôle, le contentieux de l'assurance, et de donner aux prestations la même nature juridique (incessibilité, insaisissabilité).

Le Code d'assurances englobe la maladie, les accidents du travail, l'invalidité, la vieillesse, la mort, l'incapacité de travail, la grossesse, les survivants (veuve, veuf, orphelins).

Ces divers risques sont groupés dans trois parties, correspondant chacune à une branche d'assurance :

L'assurance-maladie : articles 165 à 536 ;

L'assurance-accidents : articles 537 à 1225 ;

L'assurance-invalidité et des survivants : articles 1226 à 1500.

Les trois branches de l'assurance obligatoire sont intimement liées ; il y a continuité dans leurs services, similitude dans leur organisation, et communauté de régime au point de vue de la tutelle administrative qui leur est imposée.

Ces assurances ont chacune des organismes d'application, dont le statut est défini par le C. A. S. ; elles sont prévues par le § 3 dudit Code, savoir :

Pour l'assurance-maladie, les Caisses-maladie ;

Pour l'assurance-accidents, les Corporations professionnelles ;

Pour l'assurance-invalidité et des survivants, l'Institut d'assurance sociale invalidité-vieillesse.

Toutes ces institutions sont investies de la personnalité juridique. Leur organisation est analogue sur les points essentiels, notamment en ce qui concerne l'exercice des pouvoirs de direction et la gestion des ressources.

Les pouvoirs de chaque Institution sont exercés par un Comité-directeur qui la représente judiciairement et extrajudiciairement. Ce Comité est placé sous le contrôle d'une Assemblée de délégués formée d'employeurs et d'assurés, élus par leur groupe respectif, sur la base de la représentation proportionnelle.

Les membres de ces deux organes constitutifs s'acquittent de leurs fonctions à titre honorifique.

Les ressources de chaque Établissement ne peuvent être affectées qu'aux buts prescrits ou autorisés par la loi ; elles doivent être placées à intérêts comme ceux des pupilles, à moins que la loi n'autorise d'autres placements. Les arriérés sont recouvrés comme les impôts communaux.

Toutes les caisses d'assurance ont leur autonomie, mais sont soumises légalement à la surveillance de l'autorité administrative.

L'assurance obligatoire des employés privés. — L'assurance ouvrière régie par le Code du 19 juillet 1911 a été complétée par une assurance spéciale des employés privés, créée par la loi du 20 décembre 1911, et rendue obligatoire à partir du 1er janvier 1913.

Les assurances sociales en Alsace et Lorraine au moment de l'armistice. — — Au moment de l'armistice, l'organisation des Institutions d'assurances, en Alsace et Lorraine, était la suivante :

1° L'assurance-maladie avait pour organisme trois catégories de Caisses :

Les Caisses locales générales ;

Les Caisses d'usines ;

Les Caisses de Corporations.

2° L'assurance-accidents, pour les entreprises industrielles, ne comptait que la Corporation textile d'Alsace-Lorraine, ayant son siège à Mulhouse.

En outre, la Corporation du bâtiment pour l'Allemagne du Sud-Ouest, ayant son siège à Strasbourg, avait des sections dans le Grand-Duché de Bade.

Quatre Caisses allemandes avaient une section en Alsace et trente-trois autres y possédaient des adhérents.

Toutes les autres exploitations d'Alsace et Lorraine non affiliées à ces deux Corporations relevaient de Corporations ayant leur siège en Allemagne.

L'assurance-accidents, dans l'agriculture, dépendait de trois Corporations locales instituées par département.

3° L'assurance-invalidité était centralisée par un seul établissement : l'Institut d'Alsace-Lorraine, à Strasbourg. Il existait, en outre, une Caisse spéciale pour les employés de chemins de fer.

4° L'assurance des employés privés était centralisée par un Établissement ayant son siège à Berlin.

Les assurances sociales sous le régime français. — L'ensemble des assurances sociales dont étaient dotées les Alsaciens-Lorrains, au moment de l'armistice continue à fonctionner depuis que les deux provinces sont redevenues françaises.

Réorganisation en Haute-Alsace avant l'armistice. — Dès l'entrée des troupes françaises en Haute-Alsace, dans les territoires de Thann et de Dannemarie, l'autorité militaire s'est préoccupée de faire revivre les Institutions d'assurance existant avant la guerre, et sur l'initiative de l'Administrateur des dits territoires, un arrêté du 2 juin 1916 a créé à Saint-Amarin un Office provisoire, chargé de la gestion de toutes les branches d'assurances fonctionnant avant la guerre. Grâce à cet Office, l'obligation de l'assurance a été rétablie et les diverses caisses-maladie ont repris régulièrement leurs opérations.

D'autre part à partir du 1er août 1917, en vertu d'un arrêté du 2 juin 1917, l'assurance des invalides et des survivants recommença à fonctionner par l'organe d'une Caisse provisoire d'assurance créée conformément aux statuts de l'Institut d'invalidité d'Alsace et de Lorraine.

Enfin, l'assurance agricole contre les accidents du travail a continué à fonctionner à partir du 1er avril 1917, dans les conditions prévues par un arrêté du 26 février 1917.

Toutefois, étant donné qu'aucune corporation d'assurance contre les accidents dans l'industrie n'existait dans les territoires occupés et que la population assurée n'était pas assez nombreuse pour permettre la constitution d'une institution nouvelle, la responsabilité des risques fut laissée à la charge des employeurs qui eurent la faculté de se couvrir auprès des compagnies d'assurances françaises.

Toute cette réorganisation a permis de conserver aux Alsaciens-Lorrains restés dans les territoires occupés, les avantages de leur législation locale.

Ces résultats très intéressants sont dus à l'initiative d'un officier français, M. René Debrix, et à celle de M. Louis Guyot, fonctionnaire du Ministère du travail, ardent propagandiste des œuvres sociales, qui organisa après l'armistice l'Office Général des Assurances Sociales, dont il fut le premier directeur.

Réorganisation générale à partir de l'armistice. — Après la signature de l'armistice, dès l'occupation de l'Alsace et de la Lorraine, un des premiers soucis du Gouvernement français, a été de maintenir les assurances sociales et de prendre les dispositions réglementaires que comportait ce maintien.

Le régime des assurances sociales repose sur la base de la législation locale, mais une série de décrets ou d'arrêtés-lois ont modifié ou amendé cette législation, de façon à l'harmoniser avec les besoins de la population assurée.

Il est intéressant de rappeler succinctement les questions essentielles qui ont été réglées depuis l'armistice par l'Office Général.

Celui-ci s'est livré aux tâches les plus diverses, convergeant vers le même idéal, celui d'un fonctionnement légal des diverses institutions en vue de donner aux assurés les garanties nécessaires pour l'époque où leurs forces décroissantes ne leur permettraient plus de subvenir dans des conditions normales à leur entretien.

L'Office Général a procédé au rétablissement de l'assurance-accidents, dans l'industrie ; à l'organisation de la Caisse d'assurance des employés ; à la révision de la législation de guerre ; il a préparé l'élection auprès des diverses autorités et institutions d'assurances sociales des représentants des employeurs et des assurés. En outre, il s'est préoccupé d'organiser la procédure contentieuse devant l'Office Général, les Offices Supérieurs d'Assurances sociales et les Offices d'Assurance.

Enfin, au point de vue financier, en dehors des travaux exceptionnels exigés par la préparation ou nécessités par l'exécution des Recommandations de la Société des Nations, l'Office Général a exercé toutes les attributions de vérification et de contrôle qui lui sont dévolues par le C. A. S.

Mesures générales

L'Office Général a cherché tout d'abord à sauvegarder les droits des travailleurs soumis aux assurances sociales, à quelque nationalité qu'ils appartiennent et en particulier de mettre les diverses institutions d'assurance de nos départements en état de fonctionner normalement au point de vue financier et actuariel.

Convention avec l'Allemagne pour l'exécution de l'article 77 du Traité de Versailles. — Par ses articles 77 et 312, le Traité de Versailles avait stipulé que les réserves accumulées par l'Empire allemand pour faire face au fonctionnement des assurances sociales dans les territoires qui revenaient à la France, seraient transmises à l'État français. Une convention spéciale devait fixer les conditions et modalités du transfert des droits et obligations réciproques des deux pays contractants.

Les travaux préparatoires de cette convention ont incombé à l'Office général des assurances sociales.

Ces travaux exécutés à Kehl par une commission franco-allemande, n'ayant pu aboutir à la convention prévue par le Traité de Versailles, le Gouvernement français, se prévalant de la clause insérée dans l'article 312 susvisé, demanda au Conseil d'administration du Bureau International du travail de soumettre à la Commission internationale, les conditions et modalités du transfert par le Gouvernement allemand au Gouvernement français des capitaux et réserves concernant le fonctionnement des assurances sociales précitées.

Le Gouvernement allemand ayant accédé à la demande du Gouvernement français, une commission fut réunie à Bâle, le 4 juin 1921, qui résuma ses travaux dans un projet de Recommandations qui fut approuvé le 21 juin 1921 par le Conseil de la Société des Nations.

Ces recommandations règlent la liquidation avec l'Allemagne des comptes d'assurances sociales ; les Institutions d'assurances sociales d'Alsace et de Lorraine prennent en charge les rentes des personnes résidant en France au 1er janvier 1919 ou revenues d'Allemagne en France avant le 10 janvier 1920. Une mesure réciproque étant adoptée à l'égard de l'Allemagne, il est ainsi opéré un dessaisissement territorial des rentes d'assurances sociales.

D'autre part, les revendications financières formulées par les Institutions d'assurances sociales d'Alsace et de Lorraine, ont abouti à la fixation d'une somme forfaitaire de soixante-cinq millions de francs français, moyennant la cession d'un montant de vingt-sept millions de marks d'emprunts de guerre allemands, qui étaient, au 11 novembre 1918, la propriété des Institutions d'assurances sociales d'Alsace et de Lorraine.

Enfin, ces recommandations prévoient toute une série de règlements financiers et techniques pour le dessaisissement ainsi opéré, en ne s'opposant pas toutefois aux réclamations ultérieures pour charges exceptionnelles imposées par la guerre et qui pourront être portées devant la Commission des réparations des dommages de guerre, ainsi que devant le tribunal arbitral mixte.

L'exécution et l'application des susdites recommandations ont été assurées par un décret en date du 1er mars 1922, ratifiant l'accord intervenu, et par un arrêté du 5 mars 1922 du Garde des Sceaux, Ministre de la justice, déterminant la compétence des Institutions d'assurances intéressées.

Réglementation provisoire de la situation respective des assurés de la loi des retraites ouvrières et paysannes venant travailler en Alsace et Lorraine et des bénéficiaires des institutions d'assurance-invalidité allant travailler dans les autres départements français. — Dès 1919, l'Office Général se préoccupant du sort des assurés alsaciens et lorrains allant travailler dans les autres départements français avait prescrit des mesures conservatoires permettant le maintien de leurs droits vis-à-vis des assurances sociales ; des mesures analogues avaient été prises pour les assurés des régimes de retraite français qui devaient être soumis pendant leur séjour dans les départements d'Alsace et de Lorraine au régime spécial des assurances sociales. Afin de coordonner et d'assurer l'application de ces différentes prescriptions, un projet fut mis à l'étude, qui devint la loi du 19 avril 1921, stipulant que les assurés des institutions d'assurance-invalidité qui travaillent hors des départements d'Alsace et de Lorraine, et se trouvent de ce fait soumis à la loi des retraites ouvrières et paysannes ou à un des régimes spéciaux de l'article 10 de cette loi, continuent à bénéficier des avantages prévus soit par le Code du 19 juillet 1911, soit par la loi du 20 décembre 1911 à moins qu'ils ne demandent avant le premier échange de leur carte à être placés sous le régime de la loi du 5 avril 1910.

Les autres assurés, quittant l'Alsace et la Lorraine, conservent aussi la faculté de continuer leur assurance par des versements personnels et des mesures furent prises pour que nos institutions puissent se tenir en contact avec eux et les amener à verser en temps voulu les cotisations nécessaires pour conserver leurs droits. Par conséquent, aucun de nos assurés quittant l'Alsace et la Lorraine ne peut, de ce fait, être privé des droits déjà acquis par les versements effectués avant son départ.

Enfin, pour les assurés de la loi des retraites ouvrières et paysannes travaillant dans les départements du Haut-Rhin, du Bas-Rhin et de la Moselle, leurs versements effectués sous la législation locale sont virés à leur compte de retraites ouvrières à moins qu'ils ne demandent à bénéficier de l'assurance sociale locale.

Un arrêté du Président du Conseil et du Ministre du travail, en date du 3 septembre 1921, réglementa les dispositions pratiques de coordination des deux régimes et particulièrement la procédure d'option réservée aux intéressés. Une circulaire de l'Office Général en date du 25 février 1922, précisa pour nos trois départements les modalités d'application de cet arrêté.

Convention de réciprocité avec l'Italie. — La convention de réciprocité conclue entre l'Allemagne et l'Italie, en 1912, étant devenue caduque, en ce qui concerne les territoires d'Alsace et de Lorraine faisant retour à la France, une Déclaration relative au régime des ouvriers italiens fut signée à Paris, le 19 février 1920 ; elle prévoit que des arrangements spéciaux seront pris entre les deux pays en ce qui concerne les Institutions d'assurances contre les accidents du travail, la maladie, l'invalidité et la vieillesse. Ces arrangements s'inspireront des principes et de l'esprit dans lesquels a été négocié le traité de travail franco-italien du 30 septembre 1919, étant entendu que provisoirement le bénéfice du régime institué par l'accord italo-allemand de 1912-1913 restera assuré aux ouvriers italiens et à leurs ayants droit pour les droits nés depuis le 11 novembre 1918.

Rétablissement de rentes suspendues durant la guerre. — Un décret du 12 décembre 1921 a eu pour but de réparer le préjudice causé à des Français ou à des Alsaciens-Lorrains réintégrés dans la nationalité française, pour lesquels les institutions allemandes de l'assurance-accidents et invalidité avaient suspendu ou refusé le paiement de leurs rentes parce qu'ils résidaient en France ou avaient été internés ou expulsés par l'Allemagne.

Paiement à l'étranger des rentes allouées par les institutions d'assurances sociales. — Un décret, en date du 28 mars 1922, a élargi et complété le régime applicable au paiement des rentes des institutions d'assurance dans les pays étrangers limitrophes des trois départements ; cette extension a été réalisée en tenant compte des modifications territoriales résultant du Traité de Versailles.

Institutions d'assurance

a) L'assurance-maladie fonctionne normalement par les Caisses-maladie locales, les Caisses d'entreprises et de Corporations de métiers et par les Caisses libres agréées.

Les Caisses locales sont groupées dans une « Union des Caisses locales de malades d'Alsace et de Lorraine ». Quant aux Caisses d'entreprises elles ont formé les groupements suivants : l'Association lorraine des Caisses de maladie d'entreprises minières et industrielles ; le Syndicat des Caisses de maladie d'entreprises et de Corporations du Bas et Haut-Rhin et des régions limitrophes, et le Syndicat des Caisses de malades d'entreprises et de Corporations de Mulhouse et environs.

Une très précieuse collaboration continue à être fournie par ces groupements qui coordonnent les efforts des Caisses et donnent ainsi une impulsion très favorable à leur bon fonctionnement.

Depuis 1919 de nombreuses modifications ont été apportées à l'assurance-maladie. Nous signalerons notamment :

1° L'augmentation des secours d'accouchement, prévus par le C. A. S. et l'application depuis le 1er mai 1922, sous certaines conditions, des lois métropolitaines sur l'assurance aux femmes en couches ;

2° L'élévation jusqu'à huit mille francs du taux d'assujettissement de l'assurance obligatoire pour les employés et ouvriers exerçant une profession technique et jusqu'à douze mille francs pour l'assurance facultative ;

3° Les salaires journaliers servant de base au calcul des indemnités de maladie furent portés à seize et vingt francs à titre facultatif.

Enfin la question très délicate de l'assurance des travailleurs à domicile a été également réglée et la reconstitution des Caisses libres agréées prévues par les § 503 et suivants du C. A. S. réalisée par le décret du 19 février 1921.

b) *L'assurance-invalidité*, délaissée pendant la guerre, désorganisée au moment de l'armistice, fonctionne de nouveau sur les bases de l'obligation. Le payement des rentes et le recouvrement des cotisations continuent à s'effectuer par l'intermédiaire de l'administration des Postes.

Au point de vue des assurés, diverses mesures très intéressantes ont été prises dans le but de sauvegarder aussi largement que possible, les droits d'assurance compromis par suite de la guerre :

Assimilation des semaines de service militaire aux semaines de cotisation pour les assurés alsaciens-lorrains ayant servi dans les armées françaises ou alliées pendant la guerre, ce bénéfice ayant été accordé précédemment pour les militaires incorporés dans les armées allemandes ;

Versement rétroactif des cotisations des assurés alsaciens-lorrains justifiant, soit que le non-versement des dites cotisations résultait d'opérations militaires ou de mesures prises par les États belligérants, soit que les intéressés justifient à la date du 16 août 1914 d'au moins deux cents cotisations non périmées ;

Attribution à tous les titulaires de rentes d'une allocation supplémentaire, allant de trente francs pour les rentes d'orphelin, à soixante francs pour les rentes de veuves et de veufs et à cent quatre-vingt-douze francs pour celles d'invalidité, de maladie et de vieillesse.

Enfin l'assurance-invalidité a été également réorganisée au point de vue des classes de cotisations, etc.

c) *L'assurance-accidents* fonctionne normalement aussi bien au point de vue des accidents agricoles que des accidents industriels.

L'assurance-accidents pour l'agriculture a poursuivi ses opérations sans difficultés, attendu qu'elle était dotée d'institutions spéciales à l'Alsace et Lorraine.

En ce qui concerne l'assurance-accidents dans l'industrie, toutes les corporations, sauf deux, ayant leur siège en Allemagne, une réorganisation complète par la création de cinq Corporations industrielles nouvelles dut être effectuée, de nouveaux statuts et des tarifs de risques furent approuvés ; plus récemment, cette assurance a été adaptée aux conditions économiques actuelles, notamment par la modification des limites d'assujettissement ; d'autre part, le gain annuel pris en compte pour le calcul de la rente a été porté à 4.500 francs, la portion excédant ce chiffre n'étant pris en compte que pour un tiers.

Des allocations supplémentaires basées sur un taux progressif proportionné au degré de l'incapacité de travail de l'intéressé, sont accordées aux titulaires de rentes d'accidents s'élevant à 66 2/3 % au moins de la rente totale.

Enfin, en ce qui concerne les rentes d'accidents survenus dans les exploitations forestières ou autres, relevant de l'État, celui-ci étant son propre assureur, une commission spéciale est chargée de la fixation des rentes à payer à ces accidentés.

d) *L'assurance en faveur des employés* est maintenant entrée dans une période de fonctionnement normal, depuis le 1er septembre 1919, elle a repris ses opérations avec les organes administratifs prévus par la loi.

Dans une série de mesures, l'Office Général a précisé les conditions de son application aux employés.

Par un décret du 29 mars 1922, cette assurance professionnelle a été réadaptée aux circonstances économiques actuelles, et la dénomination nouvelle suivante sous laquelle elle jouit de la personnalité juridique lui a été accordée : « Caisse d'assurance des employés en cas d'invalidité, de vieillesse et de décès à Strasbourg ».

Autorités publiques des assurances sociales

Pour que le régime organique des assurances sociales soit intégralement maintenu, il n'était pas suffisant que l'assurance soit pratiquée par les travailleurs et les patrons intéressés, ni que les diverses institutions poursuivent leurs opérations ; il importait que les pouvoirs de surveillance et de juridiction, qui ont été placés à la base de l'application des lois, fussent exercés normalement.

Or, l'Alsace et la Lorraine ne possédaient que les autorités publiques locales chargées par la loi de ces attributions : les Offices d'assurances et les Offices supérieurs d'assurances. Elles relevaient, pour l'autorité et la juridiction suprêmes, de l'Office Impérial des assurances de Berlin.

Pour établir, sur ce point capital, comme sur les autres, l'indépendance de l'Alsace et de la Lorraine, le Président du Conseil et le Ministre du travail ont décidé par un arrêté du 15 mars 1919, la création à Strasbourg, d'une autorité centrale de surveillance et de contentieux, organisée par un arrêté du 9 avril 1919 de M. le Commissaire Général de la République, sous le nom d'*Office Général des Assurances Sociales*.

CHAPITRE II

LES OFFICES D'ASSURANCE D'ALSACE ET DE LORRAINE

Autorités publiques spéciales pour les assurances

Définition. — Les assurances sociales relèvent d'autorités publiques distinctes des Administrations composant en France les divers départements ministériels.

Ces autorités publiques, dans certains cas prévus par la loi, statuent souverainement.

En outre, toutes les questions contentieuses ressortissant du fonctionnement des assurances sociales : questions relevant en France des tribunaux administratifs et questions relevant des tribunaux civils (interprétation des statuts, conflits entre employeurs et assurés, détermination des indemnités relatives aux accidents du travail, etc.) sont de la compétence de ces autorités publiques.

L'ensemble des pouvoirs d'administration, de contrôle, de contentieux administratif et judiciaire, ont été conférés à des Offices institués exclusivement pour l'assurance ouvrière.

Désignation. — Les Offices constituent, d'après le Code du 19 juillet 1911 et les arrêtés des 15 mars et 9 avril 1919, trois autorités hiérarchisées :

a) Les Offices d'assurance ;

b) Les Offices supérieurs d'assurances ;

c) L'Office Général des assurances sociales.

Les Offices d'assurances

Création. — L'Office d'assurance, en Alsace et Lorraine, créé par le C. A. S. dans chaque sous-préfecture, a été organisé par l'instruction ministérielle du 1er mai 1913.

En outre, il existe un Office municipal pour chacune des grandes villes ayant une autonomie administrative : Strasbourg, Metz, Colmar, Mulhouse et Guebwiller. Soit en tout vingt-six Offices.

Fonctionnement. — Chaque Office est dirigé par un président qui est de droit le sous-préfet de l'arrondissement, ou le maire de la commune où il est établi ; il lui est adjoint un suppléant permanent.

Ce suppléant, en raison de l'importance du rôle qui lui est dévolu, doit avoir une compétence étendue en matière d'assurance sociale. Sa nomination est soumise à la ratification de l'Office Général des assurances sociales.

Auprès de l'Office d'assurance, siègent comme assesseurs, dans tous les cas prévus par la loi, des représentants de l'assurance, pris moitié parmi les employeurs et moitié parmi les assurés.

Ces assesseurs exercent leurs fonctions à titre honorifique. L'Office rembourse leurs frais. Les assurés reçoivent, en outre, une indemnité pour perte de temps.

Le mandat d'assesseur est une charge publique qu'il n'est pas loisible de décliner sans motif plausible.

Les représentants des employeurs et des assurés sont élus par les Comités-directeurs des caisses-maladie, comptant au moins cinquante membres dans les circonscriptions de l'Office, y compris les Comités-directeurs des caisses minières.

Ces représentants doivent appartenir, tant du côté des employeurs que des ouvriers, pour moitié au moins à l'assurance-accidents et pour un tiers au moins, dans chaque groupe, ils doivent habiter ou être employés au siège même de l'Office, ou à une distance n'excédant pas dix kilomètres.

Les premières élections d'assesseurs ont eu lieu le 1er janvier 1914, leur renouvellement devait avoir lieu le 1er janvier 1918 ; mais deux ordonnances du 18 avril 1916 et du 11 janvier 1917 du Conseil Fédéral ont décidé que les élections seraient valables jusqu'à la fin de l'année civile suivant l'année dans laquelle la guerre prendrait fin.

De nouvelles élections furent effectuées au début de l'année 1920.

Organisation. — Le Président de l'Office et son suppléant exercent d'une façon générale les attributions d'administration et de surveillance ; toutefois la plupart des questions contentieuses, et celles qui intéressent la revendication des droits des assurés, doivent être réglées avec le concours des délégués patronaux et ouvriers.

Le président doit organiser par application du C. A. S. pour l'examen des questions ressortissant au contentieux judiciaire ou administratif des *Comités de contentieux* siégeant sous sa présidence, avec le concours de membres élus, représentants des employeurs et des assurés, convoqués suivant l'ordre du tableau établi par le président de l'Office.

Attributions. — Les Offices qui ont compétence générale en matière d'assurance-maladie, exercent également un rôle important dans l'assurance-invalidité, en ce sens qu'ils surveillent l'application de la loi et interviennent dans la détermination des droits à la pension invoqués par les assurés. Leur attribution est plus limitée dans l'assurance-accidents ; ils participent cependant aux enquêtes et à la fixation des droits des assurés, lorsque ceux-ci ne sont pas d'accord avec la corporation d'assurance. Un arrêté du Commissaire Général de la République les a également chargés de la constitution des dossiers de rentes pour l'assurance des employés privés, dans les arrondissements où n'existent pas de Comités locaux.

Les Offices supérieurs d'assurances sociales

Création. — Les Offices Supérieurs créés par le Code et institués par l'instruction ministérielle du 1er mai 1913, ont remplacé les tribunaux d'arbitrage de l'assurance ouvrière organisés en vertu des lois du 13 juillet 1889 sur l'assurance-invalidité et du 30 juin 1900 sur l'assurance-accidents. Ils exercent leurs attributions contentieuses dans les trois branches d'assurance.

Ils statuent, comme première instance d'appel, sur les décisions définitives des caisses de l'assurance-accidents et sur les décisions des Institutions d'assurance-invalidité aussi bien pour l'assurance ouvrière que pour celle des employés privés. Ils statuent en seconde instance sur les décisions des Offices d'assurance, relatives notamment à l'assurance-maladie.

Au point de vue administratif, ils constituent l'autorité de surveillance de second degré pour l'assurance-maladie, et notamment, à ce titre, approuvent les statuts ou modifications statutaires, sur la proposition des Offices.

Il existe trois Offices Supérieurs en Alsace-Lorraine, un par département. Leur siège est à Strasbourg, Metz et Mulhouse. Celui de Mulhouse a une Chambre de contentieux judiciaire à Colmar. Celui de Strasbourg est également chargé du contentieux des assurances pour le personnel des chemins de fer d'Alsace-Lorraine.

Composition — L'Office supérieur est présidé par un directeur, nommé à titre permanent par le Gouvernement. Un directeur suppléant est également désigné, mais celui-ci remplit sa fonction à titre accessoire.

Indépendamment de ces fonctionnaires, les Offices supérieurs comprennent des *Assesseurs* élus pour moitié parmi les employeurs et pour moitié parmi les assurés.

Le nombre de ces assesseurs est de soixante-douze pour chaque Office Supérieur.

Les représentants des employeurs sont choisis moitié par les membres employeurs de la Délégation de l'Institut d'assurance sociale invalidité-vieillesse, de Strasbourg, moitié par le Comité de la Corporation agricole de la circonscription de l'Office supérieur et par celui de la Corporation industrielle dite « de confiance ». Les Corporations industrielles, en vertu du § 72 du Code, doivent désigner, pour chaque Office supérieur, une corporation chargée de les représenter aux élections, c'est la corporation de confiance.

Les assesseurs à prendre parmi les assurés sont élus par les délégués assurés en fonction dans les Offices d'assurances de la circonscription, sur la base de la représentation proportionnelle. Le nombre de voix des délégués assurés des Offices est fixé par l'Office supérieur, d'après l'effectif des Caisses-maladie ayant leur siège dans la circonscription de l'Office d'assurance à laquelle ils appartiennent.

Les élections des assesseurs représentant les différentes branches des assurances sociales, ont été effectuées au cours de l'année 1921.

Organisation. — Les attributions des Offices supérieurs sont également administratives et contentieuses.

Pour le contentieux, auquel participent obligatoirement les représentants élus de l'assurance, il est formé des *Chambres de contentieux*. [1])

Chaque Office supérieur constitue une ou plusieurs *Chambres pour le contentieux judiciaire*, selon le nombre des affaires. Chacune comprend un fonctionnaire, président, et deux assesseurs, ouvrier et patron, respectivement.

En outre, chaque Office supérieur constitue une *Chambre de contentieux administratif* comprenant le président de l'Office, un second fonctionnaire et deux membres élus. Ces derniers sont désignés, l'un par les représentants patrons, l'autre par les représentants assurés. L'élection est valable pour quatre ans, comme dans les Offices locaux.

---

[1]) Voir page 25 la statistique des affaires traitées par les Offices supérieurs d'assurances sociales de 1919 à 1922 inclus.

L'Office général des assurances sociales

Attributions. — Jusqu'à l'armistice, les assurances ouvrières d'Alsace et de Lorraine relevaient de l'Office Impérial de Berlin.

L'Office Général des Assurances Sociales a été institué à Strasbourg, par les l'arrêtés des 15 mars et 9 avril 1919, pour exercer toutes les attributions appartenant antérieurement à l'Office Impérial de Berlin.

Il a été rattaché au Commissariat Général de la République, à Strasbourg, en exécution du décret du 21 mars 1919, aux termes duquel le Commissaire Général réunit sous son autorité tous les services afférents à l'administration générale des trois départements.

Les attributions de l'Office Général se répartissent en cinq groupes principaux :

1° *Au point de vue réglementaire.*

L'Office Général est chargé de la préparation des projets législatifs ou réglementaires à soumettre à la décision parlementaire ou ministérielle, pour l'application des lois d'assurance sociale ; il élabore également les projets d'arrêtés nécessaires au fonctionnement régulier des assurances sociales pour lesquelles il édicte des instructions, circulaires ou avis qu'il notifie aux institutions ou aux autorités d'assurance intéressées.

2° *Au point de vue administratif*

Il exerce sur ces institutions et autorités une surveillance technique ainsi qu'un contrôle financier et effectue tous les travaux actuariels que comporte leur fonctionnement. — Il vérifie la fixation et le paiement régulier des rentes d'assurances sociales et prend toutes mesures utiles pour l'application des dispositions spéciales en vigueur et pour leur observation régulière par les institutions et les autorités d'assurance sociale comme par les employeurs et les assurés.

3° *Au point de vue international*

Il règle la liquidation des droits et créances des institutions vis-à-vis de l'Allemagne, en conformité des recommandations approuvées le 21 juin 1921 par le Conseil de la Société des Nations, en vertu des dispositions spécialement prévues au Traité de Versailles. Il prépare des conventions internationales de réciprocité avec les pays possédant une législation analogue.

4° *Au point de vue contentieux.*

Il statue en dernier ressort, avec la collaboration de magistrats et de représentants des employeurs et des assurés : 1° sur les différends ayant pour objet l'interprétation de la loi, le recouvrement des cotisations, l'exercice des droits des assurés, les droits et obligations respectifs des institutions entre elles ou vis-à-vis des employeurs ou assurés ; 2º sur les appels contre les décisions des Offices supérieurs d'assurance en ce qui concerne la fixation ou la révision de rentes de l'assurance-invalidité, de l'assurance professionnelle des employés privés ou de l'assurance-accidents ou en ce qui concerne l'assurance-maladie ; 3º sur les questions de contentieux administratif que soulève l'application ou l'interprétation des textes réglementaires en vigueur. [1])

5º *Au point de vue social.*

L'Office Général, enfin, a pour mission de favoriser et de coordonner l'organisation ou le développement, dans les institutions, des services se référant à la prévention des maladies, au traitement médical, à l'amélioration de l'hygiène sociale, et d'établir et vulgariser les statistiques ou autres renseignements utiles au public à ce sujet. — Il est à cet effet un foyer d'études et d'action pour le progrès et l'amélioration des assurances sociales.

Rapports de l'Office Général avec les autres Offices d'Assurances. — Les Offices d'assurance (dans chaque arrondissement) ; les Offices supérieurs (dans chaque département) ; l'Office Général des Assurances (pour toute l'Alsace et Lorraine), forment trois autorités superposées, chacune d'elles, toutefois, ayant, tant au point de vue administratif que contentieux, des pouvoirs de gestion et de décision qui lui sont propres.

Les trois catégories d'Offices sont organisées uniformément pour la procédure contentieuse. Ils ont, les uns et les autres, un organe de contentieux administratif et des organes pour le contentieux judiciaire (Comités, Chambres ou Conseils). Les décisions contentieuses prises à chaque échelon sont ou définitives ou susceptibles d'appel, selon les dispositions prévues par la loi .

Les affaires concernant l'assurance-maladie sont traitées et jugées par les Offices d'assurance, mais avec droit d'appel devant les Offices supérieurs et, dans les cas prévus par la loi (seulement pour les cas d'application irrégulière de la loi), droit de pourvoi devant l'Office Général.

Les Offices supérieurs d'assurance sociale ont une compétence administrative très restreinte. Ce sont surtout des tribunaux d'appel contre les décisions des Offices d'assurance, et contre celles des établissements d'assurance-invalidité et des Corporations d'assurance-accidents.

---

[1]) Voir page 26 la statistique des affaires traitées par l'Office général des assurances sociales de 1919 à 1922 inclus.

L'Office Général des assurances sociales exerce directement l'administration et le contrôle de l'assurance-invalidité et de l'assurance-accidents. Il statue en dernière instance sur les décisions de contentieux administratif ou de contentieux judiciaire prises par les Offices supérieurs. Toutes ces décisions sont définitives sauf dispositions contraires prévues par la loi.

Rôle des Offices dans l'assurance des employés privés. — En vertu de la législation allemande, l'assurance des employés privés relevait d'autorités spéciales. — L'établissement chargé de l'assurance à Berlin avait les pouvoirs d'une autorité publique en matière administrative.

En matière contentieuse les conflits étaient jugés par des tribunaux arbitraux à deux degrés, institués spécialement à cet effet.

L'arrêté interministériel du 15 mars 1919 a donné les attributions administratives concernant cette assurance à l'Office Général des assurances sociales. — Un arrêté du 10 avril 1919 du Commissaire Général de la République a donné aux Offices supérieurs d'assurances d'Alsace et de Lorraine et, en dernier ressort, à l'Office Général des assurances sociales les attributions contentieuses exercées par le tribunal d'arbitrage et le tribunal supérieur d'arbitrage créés spécialement en Allemagne par la loi du 20 décembre 1911.

Enfin, un arrêté du 15 août 1919 a confié aux Offices d'assurance les fonctions attribuées par la loi aux Comités locaux à défaut de ceux-ci.

Ainsi se trouvent réalisées l'unité administrative et l'unité de juridiction pour toutes les assurances sociales fonctionnant en Alsace et en Lorraine.

OFFICES SUPÉRIEURS DES ASSURANCES SOCIALES

Statistique des affaires traitées de 1919 à 1922

Genre des affaires examinées	Contentieux administratif et judiciaires						
	Affaires à traiter	Affaires terminées: arrangements ou transactions	Affaires terminées: jugements	Affaires terminées: envoi à l'Office Général	Affaires terminées: retrait de l'affaire	Total des affaires terminées	Nombre des séances
I. Contentieux administratif.							
Assurance-maladie	405	—	—	—	—	370	
Assurance-invalidité ...	245	—	—	—	—	200	
Ass. accidents industriels	925	—	—	—	—	779	46
Ass. accidents agricoles	204	—	—	—	—	199	
Ass. des employés.....	44	—	—	—	—	32	
Total....	1 823	—	—	—	—	1 580	46
II Contentieux judiciaire							
Assurance-maladie	90	6	57	—	5	68	
Assurance-invalidité ...	1 729	410	839	3	364	1 616	
Ass. accidents industriels .	1 800	170	874	—	595	1 639	323
Ass. accidents agricoles ..	296	26	212	—	38	276	
Ass. des employés	83	3	52	1	19	75	
Total....	3 998	615	2 034	4	1 021	3 674	323
Total général ..	5 821	615	2034	4	1021	5 254	369

OFFICE GÉNÉRAL DES ASSURANCES SOCIALES

Statistique des affaires traitées de 1919 à 1922

Genre des affaires examinées	Contentieux Administratif et judiciaires										
	Affaires à traiter	affaires terminées								Affaires en suspens	Nombre des séances
		par jugements									
		Modifiés	Renvoyant à une autre instance	Rejetant le pourvoi	Total	Décisions § 1713	Autre manière	Retrait de l'affaire	Total général		
I. Contentieux-administratif											
	67	9	2	22	33	4	5	3	45	22	11
II. Contentieux maladie-invalidité											
Affaires maladie . . .	13	1	5	2	8	1	2	—	11	2	19
Affaires invalidité. . .	110	2	18	52	79	8	5	3	95	15	
Affaires A. E. P.	6	—	—	4	4	—	1	—	5	1	1
	129	3	23	58	91	9	8	3	111	18	20
III. Contentieux-accidents											
Affaires agricoles . .	54	3	—	35	38	—	9	2	49	5	8
Affaires industrielles .	182	20	8	82	110	10	16	13	149	33	22
	236	23	8	117	148	10	25	15	198	38	40
Total général	432	35	33	197	272	23	38	21	354	78	—

Dans les années 1919-1920-1921 les affaires de l'A. E. P. sont englobées dans celles de l'invalidité.

Services Administratifs des Assurances sociales.

OFFICE GÉNÉRAL DES ASSURANCES SOCIALES A STRASBOURG.

Cadre administratif.

Directeur : M. D'ESTOURNELLES DE CONSTANT.

Première Section (Administration générale). Chef : . . . .

Deuxième Section (Section de l'Assurance-maladie, de l'Assurance des Invalides et des Survivants, et de l'Assurance en faveur des Employés). Chef : M. GOETTELMANN.

Troisième Section (Section de l'Assurance-accidents dans l'Industrie et dans l'Agriculture.) Chef : M. ISSLER.

Quatrième Section (Bureau de Calcul et d'Actuariat.) Chef : M. OLLIER.

(M. POTIN chargé du contrôle des Institutions d'assurances sociales.)

Conseils de contentieux.

L'Office général comprend :

Un conseil de contentieux administratif statuant en dernier ressort sur les recours en matière administrative.

Deux conseils de contentieux judiciaire jugeant en dernier ressort sur les pourvois concernant l'exercice des droits et obligations des assurés, des employeurs, des institutions d'assurance et spécialement en ce qui concerne la fixation ou la revision de rentes de l'assurance-invalidité, de l'assurance professionnelle des employés privés, de l'assurance-accidents ou en ce qui concerne l'assurance-maladie.

Le directeur et les chefs de section de l'Office général sont présidents de droit des conseils de contentieux.

Conseillers :

MM. LAFERRIÈRE, professeur de droit à la Faculté de Strasbourg.

DENIZET, JUNG, DE GAIL, STROH, fonctionnaires de l'Office général.

Magistrats :

MM. FLEURENT, URBAN et MONNIER.

Comité technique.

Le comité technique, composé des membres nommés par M. le Commissaire général en raison de leur compétence technique, des employeurs, des assurés et du directeur de l'Office général, est consulté pour avis, sur les questions législatives, réglementaires et financières importantes.

Membres nommés par M. le Commissaire général :

MM. JOURDAIN, député, ancien ministre du travail, président de la commission d'assurance et de prévoyance sociales de la Chambre des députés, **président ;**

DOLLFUS, administrateur-directeur de la Société alsacienne de constructions mécaniques à Mulhouse, **vice-président**.

IMBS, secrétaire général de l'Union des syndicats ouvriers d'Alsace et de Lorraine ;

FRÉCHET, professeur de mathématiques à l'Université de Strasbourg.

Représentants élus des employeurs :

MM. Jac, président de la caisse des pensions des chemins de fer d'Alsace et de Lorraine, représentant de l'assurance-invalidité ;

Brauer, membre de la corporation des métaux et transports, représentant des Corporations industrielles ;

Delage, président de la corporation des mines et usines métallurgiques, représentant des Corporations industrielles ;

Wagner, président de la corporation textile et des industries chimiques représentant des Corporations industrielles ;

Schahl, président de la corporation agricole du Bas-Rhin, représentant des Corporations agricoles ;

Dehand, président de la corporation agricole de la Moselle, représentant des corporations agricoles ;

Suppléants :

MM. Kiener, Petri, Brion, Scharf, Schwartz, Richard.

Représentants élus des assurés :

MM. Pulfermuller, monteur, élu par les assesseurs assurés de l'Office supérieur du Bas-Rhin ;

Fuellenwarth, cheminot, élu par les assesseurs assurés de l'Office supérieur du Bas-Rhin ;

Link, menuisier, élu par les assesseurs assurés de l'Office supérieur du Haut-Rhin ;

Vatrin, mineur, élu par les assesseurs assurés de l'Office supérieur de la Moselle ;

Meier, bûcheron, élu par les assesseurs assurés de l'Office supérieur de la Moselle ;

Rouillon, agent comptable, représentant de l'assurance des employés privés.

Suppléants :

MM. Bilger, Juenger, Kayser, Duren, Xandry, Holweg.

Secrétaires :

MM. Denizet, sous-chef de section ; Fortin, rédacteur à l'Office général des assurances sociales.

Le Comité technique peut former des *Assemblées de Section* 1º pour l'assurance maladie et invalidité, 2º pour l'assurance des employés, 3º pour l'assurance-accidents. Dans cette alternative chaque assemblée est consultée sur les affaires à étudier spéciales à chacune des branches de l'assurance.

Offices supérieurs d'assurances sociales.

Office Supérieur de Strasbourg, 5, rue des Mineurs, pour le Bas-Rhin.

Directeur : M. Mahl, ancien Sous-Préfet ; Directeur suppléant : M. Ritzheim, juge de bailliage à Strasbourg ;

Office Supérieur de Metz, pour la Moselle :

Directeur : M. Jacquin, ancien Chef de Division à la Préfecture de Metz ; Directeur suppléant : M. Schneider, juge de bailliage à Metz.

Office Supérieur de Mulhouse, pour le Haut-Rhin :

Directeur : M. Riedinger, ancien Chef du Contentieux de la mairie de Mulhouse ; Directeur suppléant : M. Weiss, Chef de Division à la Préfecture du Haut-Rhin ;

Office Supérieur des chemins de fer d'Alsace et de Lorraine.

Délégué dans les fonctions de Directeur : M. Mahl, Directeur de l'Office Supérieur de Strasbourg.

Chacun de ces Offices Supérieurs possède une Chambre de Contentieux administratif et une Chambre de Contentieux judiciaire.

L'office Supérieur de Mulhouse a une Chambre de Contentieux judiciaire à Colmar.

Offices d'assurance.

Offices municipaux :

1° de la Ville de Strasbourg : à la Mairie ;
2° de la Ville de Metz : à la Mairie ;
3° de la Ville de Mulhouse : à la Mairie ;
4° de la Ville de Colmar : à la Mairie ;
5° de la Ville de Guebviller : à la Mairie ;

Offices d'Arrondissement :

6° pour l'Arrondissement d'Altkirch : à la Sous-Préfecture d'Altkirch ;
7° pour l'Arrondissement de Mulhouse, sans la Commune de Mulhouse, mais y compris la commune de Dornach, à la Sous-Préfecture de Mulhouse ;
8° pour l'Arrondissement de Thann : à la Sous-Préfecture de Thann ;
9° pour l'Arrondissement de Guebwiller, sans la Commune de Guebwiller : à la Sous Préfecture de Guebwiller ;
10° pour l'Arrondissement de Colmar, sans la Commune de Colmar : à la Sous-Préfecture de Colmar ;
11° pour l'Arrondissement de Ribeauvillé, y compris la Commune de Ste-Marie-aux-Mines ; à la Sous-Préfecture de Ribeauvillé ;
12° pour l'Arrondissement de Sélestat, y compris la Commune de Sélestat : à la Sous-Préfecture de Sélestat ;
13° pour l'Arrondissement de Molsheim : à la Sous-Préfecture de Molsheim ;
14° pour l'Arrondissement de Strasbourg-Campagne, y compris la Commune de Schiltigheim : à la Sous-Préfecture de Strasbourg ;
15° pour l'Arrondissement d'Erstein : à la Sous-Préfecture d'Erstein ;
16° pour l'Arrondissement de Saverne : à la Sous-Préfecture de Saverne ;
17° pour l'Arrondissement de Haguenau, y compris la Commune de Haguenau : à la Sous-Préfecture de Haguenau ;
18° pour l'Arrondissement de Wissembourg : à la Sous-Préfecture de Wissembourg ;
19° pour l'Arrondissement de Sarrebourg, y compris la Commune de Sarrebourg : à la Sous-Préfecture de Sarrebourg ;
20° pour l'Arrondissement de Château-Salins : à la Sous-Préfecture de Château-Salins ;
21° pour l'Arrondissement de Boulay : à la Sous-Préfecture de Boulay ;
22° pour l'Arrondissement de Forbach, y compris la Commune de Forbach : à la Sous-Préfecture de Forbach ;
23° pour l'Arrondissement de Sarreguemines, y compris la Commune de Sarreguemines : à la Sous-Préfecture de Sarreguemines ;
24° pour l'Arrondissement de Metz-campagne, y compris les Communes Montigny et Sablon : à la Sous-Préfecture de Metz ;
25° pour l'Arrondissement de Thionville : à la Sous-Préfecture de Thionville ;

Office d'assurance des Chemins de fer d'Alsace et de Lorraine.

Institutions d'Assurances Sociales.

Assurance-maladie.

Association Lorraine des Caisses de maladie des Entreprises minières et industrielles, à Metz.

Président : M. Keim ; Secrétaire Général : M. Bergerat.

Syndicat des Caisses de maladie d'Entreprises et de Corporations du Bas et du Haut-Rhin et des Régions limitrophes, à Strasbourg.

Président : M. Brauer.

Syndicat des Caisses de maladie d'Entreprises et de Corporations de Mulhouse et environs,

Président : M. Strub.

Union des Caisses locales de malades d'Alsace et de Lorraine (caisse gérante à Strasbourg).

Président : M. Weil.

Assurance-invalidité.

Institut d'Assurance Sociale d'Alsace et de Lorraine, invalidité-vieillesse,

Président du Comité Directeur : M. Wackenthaler ; Président suppléant : M. Heydacker. — Membre fonctionnaire : M. Heitz ; représentants des employeurs : MM. Brauer et Paul Gégauff ; représentants des assurés : MM. Riehl et Weil.

Assurance-accidents

Corporation agricole du Bas-Rhin, à Strasbourg.

Président : M. Schahl ; Directeur gérant : M. Micheler.

Corporation agricole du Haut-Rhin, à Mulhouse.

Président : M. Gégauff, sénateur ; Directeur gérant : M. Bohler.

Corporation agricole de la Moselle, à Metz.

Président : M. Dehand ; Directeur gérant : M. Gaspard.

Corporation N° 1 des Mines et Usines Métallurgiques, à Metz.

Président : M. Delage ; Directeur gérant : M. Deville.

Corporation N° 2 des Métaux et Transports, à Mulhouse.

Président : M. Dollfus ; Directeur gérant : M. Reutemann.

Corporation N° 3 Textile et des Industries Chimiques, à Mulhouse.

Président : M. Wagner ; Directeur gérant : M. . . . .

Corporation N° 4 des Industries alimentaires, à Strasbourg.

Président : M. Becker ; Directeur gérant : M. Marzolf.

Corporation N° 5 des Industries du Bâtiment, à Strasbourg.

Président : M. Brion ; Directeur gérant : M. Ungerer.

Section N° 1, à Strasbourg.

Président : M. Nuss ; Gérant : M. Weber.

Section N° 2, à Moulhouse.

Président : M. Roos ; Gérant : M. Burel.

Section N° 3, à Metz.

Président : M. Nicolas ; Gérant : M. Thiers.

Assurance des employés

Caisse d'Assurance des Employés en cas d'invalidité, de vieillesse et de décès, à Strasbourg.

Président : M. Dietrich ; Président suppléant : M. Hermann.

CHAPITRE III

L'ASSURANCE-MALADIE

I

Evolution historique de l'assurance obligatoire contre la maladie

Historique de l'assurance-maladie. — La loi d'assurance contre la maladie du 15 juin 1883 fut l'origine de l'assurance obligatoire en Allemagne. Cette loi entra en vigueur le 1er décembre 1884. Elle introduisait l'assurance obligatoire pour certaines catégories d'ouvriers et accordait à certaines personnes non assujetties à l'assurance, le droit d'affiliation facultative.

Les assurés durent être affiliés obligatoirement suivant leur profession et leur lieu d'occupation à l'une des Caisses ci-après : caisses locales de malades, d'entreprises, du bâtiment, nouvellement créées ; caisses de corporations et caisses minières de secours déjà existantes. Pour l'organisation des nouvelles Caisses, on prit comme modèle les Caisses d'entreprises et de corporations existantes créées librement ainsi que les Caisses auxiliaires libres c'est-à-dire les Sociétés de secours mutuels.

Comme prestations à accorder par les Caisses, la loi prévoyait des prestations normales : traitement médical gratuit, médicaments et remèdes thérapeutiques, indemnités de maladie, secours aux femmes en couches, indemnité funéraire. Elle fixait en outre, pour l'assurance obligatoire, les cotisations à verser par les employeurs et les assurés et, pour l'assurance facultative, celles à effectuer par les assurés seuls. Les autorités administratives publiques eurent le contrôle et la surveillance des Caisses.

La loi de l'assurance-maladie fut modifiée et complétée par les lois des 10 avril 1892, 30 juin 1900 et 25 mai 1903.

Ces lois étendaient le régime de l'assurance et augmentaient les prestations.

La loi du 10 avril 1892 comportait les modifications suivantes :

1° Extension de l'assurance obligatoire aux personnes occupées dans les entreprises commerciales, les bureaux d'avocats, de notaires, d'huissiers, ainsi que dans les Institutions de l'assurance sociale ;

2° Extension des prestations normales :

a) de l'indemnité aux femmes en couches : de trois à quatre semaines;

b) de l'indemnité funéraire : en cas de décès survenu dans l'intervalle d'un an après la cessation des prestations de maladie ;

3° Extension des prestations facultatives :

La période d'attente, en cas d'allocation d'indemnité de maladie pouvait être réduite statutairement et les soins médicaux, médicaments, etc..., également accordés aux membres de la famille exempts de l'assurance ; enfin les Caisses-maladie, réunies en Unions, étaient autorisées à créer des organisations de prévoyance en faveur des convalescents ;

4° Augmentation des prestations *minima* des Caisses de secours mutuels.

D'autre part, la loi du 25 mai 1903 apporta les importantes modifications suivantes :

1° Les commis et apprentis furent soumis à l'assurance obligatoire ;

2° La limite maximum du salaire de base devant servir de règle pour le calcul des prestations et des cotisations, fut portée a 4 marks par jour ouvrable ;

3° La possibilité de refus de l'indemnité de maladie en cas de maladies vénériennes, fut supprimée ;

4° Les prestations normales de secours en cas de maladie étaient portées de treize à vingt-six semaines, ce qui créait une liaison complète avec l'allocation de la rente de maladie de l'assurance-invalidité;

5° Les prestations normales des secours aux femmes en couches étaient portées de quatre à six semaines ;

6° Les prestations facultatives étendues :

a) pour l'indemnité de maladie : aux membres de la famille en cas d'admission de l'assuré dans un hôpital, jusqu'à la moitié du salaire de base et, pour l'indemnité de maladie attribuée aux personnes admises à l'hôpital, mais n'ayant pas de famille entretenue par elles : jusqu'au quart du salaire de base ;

b) à l'indemnité de maladie, pour une durée de six semaines aux femmes enceintes, auxquelles pouvait être accordée également en dehors des soins médicaux, l'assistance de sages-femmes.

Une complète réorganisation de l'assurance-maladie fut effectuée par le Code des Assurances sociales du 19 juillet 1911 mis en application à dater du 1er janvier 1914.

Dès l'entrée des troupes françaises dans les territoires de Thann et de Dannemarie, l'autorité militaire s'est préoccupée de faire revivre les Institutions d'assurances existant avant la guerre et, le 2 juin 1916, l'obligation de l'assurance-maladie était rétablie dans lesdits territoires.

Depuis l'armistice et le retour à la mère Patrie, le Gouvernement français s'est occupé avec la plus grande sollicitude de l'assurance sociale et notamment de l'assurance-maladie.

Par l'arrêté du 30 décembre 1918, les valeurs en marks figurant dans la législation de l'Assurance sociale ont été converties en francs au taux de 1 fr. 25 le mark.

La loi du 17 octobre 1919 relative au régime transitoire de l'Alsace et de la Lorraine, fixe dans son article 3 le statut provisoire des Assurances sociales. Cet article stipule en effet que les lois et règlements en vigueur resteront applicables, sous réserve des modifications introduites depuis l'armistice.

Un arrêté du 20 juin 1919 tenant compte des desiderata exprimés par l'Union des Caisses locales de malades a porté à partir du 1er juillet 1919 les limites de l'assurance obligatoire, de 3125 à 5.000 francs par an et de l'assurance volontaire de 5.000 à 6.500 francs. D'autre part il a rétabli l'équivalence des prestations des Caisses dans le district d'un Office d'assurance avec les prestations de la Caisse locale de malades compétente, équivalence qui avait été supprimée pendant la guerre.

Par décret du 28 octobre 1920 applicable à dater du 1er novembre 1920, la limite de revenu pour l'assurance obligatoire a été élevée de 5.000 à 8.000 francs et de 6.500 à 12.000 francs pour l'assurance volontaire continuée avec la faculté d'établir des classes de salaires de base plus élevés allant au maximum jusqu'à 20 francs par jour ; il y eut, en outre, une extension des prestations normales légales dans le domaine de l'assurance aux femmes en couches, notamment en ce qui concerne les prestations, telles que frais d'accouchement, assistance aux femmes enceintes et indemnités d'allaitement ainsi qu'une réorganisation générale de l'assurance-maladie des artisans à domicile. D'autre part le décret susvisé abrogeait, à l'excéption de quelques ordonnances, toute la législation de guerre en matière d'assurances sociales.

Enfin, par décret en date du 19 février 1921, les articles 503 et suivants du C. A. S. concernant les Caisses libres agréées ont été modifiés et complétés.

II

État actuel de l'assurance-maladie obligatoire

Obligation d'assurance. — Tandis que précédemment, l'obligation d'assurance contre la maladie ne s'étendait, en principe, qu'aux personnes occupées dans l'industrie et les entreprises en général, le Code du 19 juillet 1911 assujettit à l'assurance obligatoire toutes les personnes rémunérées et même les apprentis non payés à savoir :

1° Les ouvriers, aides, compagnons, apprentis, domestiques, femmes de ménage, femmes de peine, concierges, etc., y compris les ouvriers forestiers et agricoles et les personnes occupées dans les professions ambulantes ;

2° Les employés d'exploitation, contremaîtres et autres employés occupant une situation d'importance similaire, lorsque cette occupation constitue leur profession principale ;

3° Les commis et apprentis de commerce, les aides et apprentis occupés dans les pharmacies ;

4° Les membres d'une troupe de théâtre ou d'un orchestre sans tenir compte de la valeur artistique de leur activité professionnelle ;

5° Les professeurs et précepteurs ;

6° Les artisans travaillant à domicile ;

7° Les équipages des bâtiments de la navigation intérieure.

L'assurance des intéressés (exception faite des apprentis de toutes catégories) est subordonnée à la condition qu'ils soient occupés moyennant rémunération et qu'en outre, pour les catégories visées sous les chiffres 2 à 5 ainsi que pour les chefs d'équipages, que leur revenu annuel régulier provenant de leur travail ne dépasse pas 8.000 francs. Les parts de bénéfice, allocations en nature et autres, que l'assuré est susceptible de recevoir de l'employeur ou d'un tiers, même simplement en vertu de l'usage, soit au lieu des appointements ou du salaire, soit en surplus, sont considérées comme rémunération.

Exemption de l'assurance. — En principe, sont exempts de l'assurance obligatoire :

Les personnes occupées dans des entreprises ou au service de l'État, des communes ou des institutions d'assurance, les maîtres et précepteurs des écoles et institutions publiques, à condition qu'ils aient droit de la part de leur employeur à des secours de maladie au moins équivalents en importance et en durée aux prestations normales de la Caisse-maladie ou, qu'ils bénéficient, pour la même durée, d'un traitement, d'une pension ou d'autres droits similaires équivalents à une fois et demie le montant du secours pécuniaire de maladie.

En outre, sont exempts également de l'assurance :

Les personnes de la catégorie précitée, pendant le temps nécessaire à la préparation de leur future profession ; les militaires qui pendant leur temps de service ou pendant qu'ils se préparent à un emploi civil, se livrent à une occupation assujettie à l'assurance ; les personnes qui enseignent contre rémunération pendant la préparation scientifique de leur profession ; les membres d'associations religieuses se consacrant sans autre rémunération que leur entretien soit à l'enseignement, soit à donner des soins aux malades ou à d'autres occupations charitables.

Sur la demande de l'employeur, sont en outre dispensés de l'assurance obligatoire ;

1° Les apprentis de toute catégorie s'ils sont occupés dans l'entreprise de leurs parents ;

2° Les personnes qui, en cas de chomage, sont employées temporairement dans des colonies ouvrières ou établissements de bienfaisance analogues ;

3° Les personnes occupées dans l'agriculture et les domestiques, si l'employeur leur garantit des secours égaux aux prestations de la Caisse de malades compétente.

Les services passagers ou temporaires déterminés par une décision spéciale sont exempts de l'assurance obligatoire.

Assurance facultative. — Lorsque leur revenu annuel total n'excède pas 8.000 francs : peuvent participer volontairement à l'assurance ;

1° Les salariés bénéficiant d'un cas d'exemption ;

2° Les membres de la famille de l'employeur occupés dans son exploitation, sans contrat de travail et sans rémunération ;

3° Les chefs d'exploitation ou autres chefs d'entreprises qui dans leur établissement n'occupent régulièrement aucune ou pas plus de deux personnes soumises à l'assurance.

Les statuts de la Caisse-maladie peuvent faire dépendre l'affiliation d'une certaine limite d'âge et de la production d'un certificat médical.

De plus, peuvent continuer volontairement leur assurance pendant qu'ils résident en France les assurés qui, en quittant une situation assujettissant à l'assurance, ont été assurés au moins pendant vingt-six semaines dans les douze mois précédents ou immédiatement avant au moins six semaines ; pour être valable la demande d'assurance facultative doit être présentée dans les trois semaines après l'abandon de l'assurance obligatoire.

L'assurance volontaire s'éteint si deux fois consécutivement, les cotisations n'ont pas été payées le jour de l'échéance, si depuis le premier de ces jours, se sont écoulées au moins quatre semaines ou enfin si le revenu total annuel d'un assuré volontaire dépasse 12.000 francs.

Base de calcul des cotisations et prestations en espèces. — Les cotisations ainsi que les prestations en espèces de l'assurance-maladie sont calculées d'après un salaire de base ; les statuts de la Caisse fixent comme tel la rémunération moyenne journalière d'après les différents taux de salaires des assurés et progressivement jusqu'au maximum de la limite légale.

Le maximum du salaire moyen, salaire de base, est de 20 francs.

Au lieu du salaire moyen journalier, les statuts peuvent admettre comme salaire de base la rémunération effective de chaque assuré, jusqu'au maximum précité par journée de travail.

Pour les personnes occupées à titre temporaire, le salaire local, fixé par l'Office supérieur d'assurances sociales, est considéré comme salaire de base.

L'Union des Caisses locales de malades d'Alsace et de Lorraine a préconisé la fixation du salaire de base d'après les neuf classes de salaire ci-dessous :

Classe	Pour un salaire						Salaire de base par	
	par semaine		par mois (calculé d'après le salaire annuel divisé par 12)		par an (calculé par 52 semaines)			
	de	à	de	à	de	à	jour	semaine
	fr.	fr.	fr.	fr.	fr.	fr.	fr.	fr.
1	—	24	—	104	—	1248	4	24
2	24	36	104	156	1248	1872	6	36
3	36	48	156	208	1872	2496	8	48
4	48	60	208	260	2496	3120	10	60
5	60	72	260	312	3120	3744	12	72
6	72	84	312	364	3744	4368	14	84
7	84	90	364	416	4368	4992	16	96
8	96	108	416	468	4992	5616	18	108
9	108 et plus		468 et plus		5616 et plus		20	120

Ainsi on obtint une réglementation uniforme des salaires de base dans les statuts des Caisses locales de malades.

Les assurés sont répartis dans les classes de salaire correspondant à leur rémunération ; ceux qui n'étant plus astreints à l'assurance, continuent volontairement leur affiliation, peuvent sur leur demande être assujettis dans une classe inférieure.

Cotisations. — Les ressources nécessaires au fonctionnement de l'assurance-maladie sont constituées par les cotisations des assurés et des employeurs, ces derniers payant un tiers et les assurés les deux tiers.

Les assurés volontaires supportent seuls les deux cotisations.

Enfin, pour les apprentis travaillant sans rémunération, les cotisations sont réduites.

Les employeurs sont responsables du paiement des cotisations des assurés obligatoires occupés par eux. Si un assuré est lié simultanément par plusieurs contrats de travail, soumis à l'assurance, ses employeurs sont solidairement responsables du paiement de la totalité des cotisations. Les deux tiers des cotisations payables par l'assuré doivent être retenus par les soins de l'employeur au moment de la paie. Si pour une période de salaire les retenues n'ont pas été faites, elles ne pourront être effectuées qu'au moment de la paie suivante, à moins que le retard dans l'acquittement des cotisations ne soit imputable à une faute de l'employeur. Les employeurs qui, intentionnellement, effectuent sur les salaires des retenues plus élevées que celles auxquelles ils sont autorisés, seront punis d'une amende pouvant atteindre 375 francs ou d'emprisonnement. Les employeurs qui, intentionnellement, ne versent pas à la Caisse les parts de cotisations qu'ils ont retenues aux personnes qu'ils occupent, seront punis d'emprisonnement et, éventuellement, passibles d'une amende s'élevant jusqu'à 3.750 francs ainsi que de la perte de leurs droits civils.

Les cotisations doivent être calculées au centième du salaire de base, de telle façon qu'en y ajoutant les autres recettes, elles puissent suffire à faire face aux obligations régulières de la Caisse.

Les cotisations ne pourront être portées à plus de 4 1/2 % du salaire de base que pour couvrir les prestations régulières ou sur une décision commune des employeurs et des assurés appartenant à la délégation de la Caisse ; les cotisations ne pourront être élevées au-dessus de 6 % que pour couvrir les prestations normales et seulement à la suite d'une décision unanime prise par les employeurs et assurés dans une réunion de la délégation. Les statuts d'une Caisse peuvent aussi fixer un barème du taux des cotisations suivant les branches d'industrie ou le genre de travaux des assurés et en ce qui concerne certaines industries, où les risques de maladie sont plus élevés, augmenter la contribution de l'employeur.

Le paiement des cotisations doit se faire aux échéances fixées par les statuts, sans toutefois qu'il y ait plus d'un mois d'intervalle entre deux paiements. Les cotisations doivent être payées du commencement à la fin de l'assurance ; pour les assurés obligatoires jusqu'au jour de la déclaration réglementaire de sortie indiquée par l'employeur.

Les périodes de maladie accompagnées d'incapacité de travail ainsi que l'époque de la perception de secours aux femmes enceintes et en couches, entraînent une exemption de cotisation.

Les arriérés de cotisations sont recouvrés de la même manière que les taxes communales, y compris les frais qui sont mis à la charge du retardataire.

Étendue des secours ou prestations. — La loi prévoit, pour les prestations, des limites minima ou maxima, appelées prestations normales ou régulières et prestations supplémentaires ; en d'autres termes : l'allocation des prestations minima qui doivent être fournies par toutes les Caisses et celles qui peuvent être accordées suivant les prescriptions contenues dans les statuts.

La loi distingue comme prestations :

1° *Les secours de maladie* ;

2° *Les secours d'accouchement* ;

3° *L'indemnité funéraire* ;

4° *Les secours de famille.*

Cette dernière prestation est considérée comme exclusivement facultative.

Comme *secours de maladie il est accordé* :

Prestations normales :

1° L'assistance médicale à partir du commencement de la maladie, comprenant les soins médicaux et les médicaments ainsi que des lunettes, bandages herniaires, etc. ;

2° Une indemnité de maladie pour chaque jour d'incapacité de travail, s'élevant à la moitié du salaire de base soit de 2 à 10 fr. par jour. Cette indemnité est accordée à partir du quatrième jour de la maladie ou lorsque l'incapacité de travail ne se produit qu'ultérieurement, à partir du jour, où elle se manifeste et ce pour une durée totale maximum de vingt-six semaines à partir du début de la maladie, ou de l'incapacité de travail. Si dans la durée de l'allocation de l'indemnité de maladie il y a une période pendant laquelle il n'est accordé que des soins médicaux, cette période ne sera pas comptée dans le calcul de la durée de l'allocation de l'indemnité, à condition qu'elle n'excède pas treize semaines.

Comme *prestations supplémentaires* :

1° L'extension jusqu'à un an de la durée des secours de maladie ;

2° L'assistance aux convalescents, par leur admission dans des établissements de convalescence pendant une année maximum à dater de l'expiration des secours de maladie ;

3° L'allocation, à l'expiration du traitement, de subventions pour achats d'appareils contre la déformation en vue de rétablir ou maintenir la capacité de travail ;

4° La faculté de porter les indemnités de maladie à trois quarts du salaire de base et de les accorder pour les dimanches et jours fériés et, en outre, dès le premier jour de l'incapacité de travail ;

5° Des secours pécuniaires de famille, en cas d'hospitalisation, jusqu'au montant légal de l'indemnité de maladie et, aux assurés, qui ne bénéficient pas de secours pécuniaires de famille, outre le traitement à l'hôpital, un secours pouvant atteindre la moitié du montant légal ;

6° D'autres secours que les moyens thérapeutiques, notamment l'entretien alimentaire du malade.

Comme *secours d'accouchement :*

Il est attribué aux femmes en couches, qui, dans le courant de la dernière année, précédant le jour de leur délivrance, ont participé, durant six mois au moins, à une Caisse-maladie légale :

1° Une indemnité pécuniaire égale à l'indemnité accordée en cas de maladie, pendant 8 semaines, dont 6 au moins doivent être postérieures à l'accouchement ;

2° Une allocation de 30 francs pour dépenses d'accouchement ;

3° Une allocation maximum de 20 francs pour frais de sage-femme et de soins médicaux nécessaires en cas de grossesse compliquée ;

4° Une indemnité d'allaitement de 0 fr. 75 par jour jusqu'à l'expiration des 12 premières semaines après l'accouchement.

Les statuts peuvent prévoir l'assistance d'une sage-femme et les soins médicaux, ainsi que les médicaments nécessaires au lieu des allocations en espèces de 30 et 20 francs.

L'indemnité pécuniaire aux femmes en couches peut être remplacée avec le consentement de l'intéressée par un traitement dans une maternité, ou par des soins donnés à domicile par des gardes-malades ; dans ce dernier cas, l'indemnité pécuniaire peut être réduite à la moitié.

A titre d'allocations supplémentaires ou facultatives, il peut en outre être prévu :

1° Une indemnité pécuniaire aux femmes en couches jusqu'à l'expiration de la 13e semaine après l'accouchement ;

2° Une élévation de l'indemnité d'allaitement jusqu'à la moitié du secours pécuniaire de maladie et l'extension de cette indemnité, jusqu'à l'expiration de la vingt-sixième semaine après l'accouchement ;

3° Un secours pécuniaire de maternité équivalent au secours de maladie pendant six semaines au plus, lorsque, par suite de leur état de grossesse, ces femmes deviennent incapables de travailler.

Indemnité funéraire :

En cas de décès d'un assuré, il est alloué comme prestation normale une indemnité funéraire, s'élevant à vingt fois le montant du salaire de base.

Lorsqu'un assuré atteint de maladie meurt dans l'année qui suit l'expiration du secours de maladie, l'indemnité funéraire doit être allouée, si l'incapacité de travail a duré jusqu'au décès.

L'indemnité funéraire doit, avant tout, servir au paiement des frais de l'enterrement. L'excédent, s'il y en a un, revient, soit au conjoint survivant, soit aux enfants, au père, à la mère, aux frères et sœurs, sous la condition qu'au moment du décès ils vivaient en communauté avec le défunt. A défaut d'ayants droit remplissant la condition stipulée ci-dessus le surplus de l'indemnité reste acquis à la Caisse.

Comme *prestation supplémentaire* :

Les statuts peuvent fixer l'indemnité funéraire à une somme atteignant jusqu'à quarante fois le salaire de base et prévoir un minimum de 62 fr. 50.

Secours de famille :

Les secours accordés à la famille des assurés d'une portée sociale si importante sont exclusivement des prestations supplémentaires ou facultatives et peuvent statutairement être étendus :

1° A des soins médicaux (traitement médical, médicaments, petits appareils, etc.) aux membres de la famille qui ne sont pas assujettis à l'assurance ;

2° A des secours aux femmes en couches qui ne sont pas assujetties à l'assurance ;

3° A une indemnité funéraire en cas de décès du conjoint ou d'un enfant d'un assuré. Cette indemnité peut s'élever pour le conjoint jusqu'aux deux tiers, pour un enfant jusqu'à la moitié de l'indemnité funéraire de l'assuré.

Conditions requises pour le droit aux prestations. — Pour toutes les personnes assujetties à l'assurance, le droit aux prestations régulières commence dès leur affiliation. Toutefois, les personnes occupées à titre temporaire n'ont droit aux secours qu'à l'expiration d'une période d'attente de six semaines à moins d'une affiliation antérieure ne remontant pas à plus de vingt-six semaines. Les personnes occupées à titre temporaire qui, dans le courant des dernières vingt-six semaines avant la maladie, n'ont pas payé plus de huit semaines de cotisations, ne recevront que les soins médicaux ; l'indemnité funéraire, dans ce cas ne pourra dépasser 37 fr. 50.

Pour les affiliés volontaires une période d'attente de six semaines peut être exigée statutairement pour l'octroi des prestations normales.

Une période d'attente de six mois au plus après l'affiliation à la Caisse, est statutairement nécessaire pour le droit aux prestations supplémentaires ou facultatives. Cette disposition n'est pas applicable aux assurés qui, au cours des derniers douze mois, ont déjà eu droit aux prestations supplémentaires d'une Caisse-maladie légale.

Les assurés quittant la Caisse pour cause de chômage après avoir été assurés au moins vingt-six semaines au cours des douze mois précédents ou pendant les six semaines qui ont précédé immédiatement leur départ, conservent leur droit aux prestations normales, dans les cas de maladie survenant pendant la période de chômage et dans un délai de trois semaines à dater de leur sortie de la Caisse. L'indemnité funéraire est également accordée lorsque le décès survient après l'expiration des trois semaines, à condition toutefois que le secours de maladie ait été alloué jusqu'au décès. Sauf disposition contraire dans les statuts, le droit cesse si le chômeur se trouve à l'étranger.

Si un assuré tombe malade à l'étranger, les prestations de la Caisse auxquelles il a droit, doivent lui être fournies par l'employeur, tant que son état ne lui permet pas de rentrer en France. Dans le délai d'une semaine, l'employeur avisera la Caisse de la maladie et se conformera, autant que possible, en ce qui concerne la nature de l'assistance à accorder aux indications que la Caisse lui fournira. La Caisse peut se charger elle-même de l'assistance, l'employeur sera dédommagé en conséquence.

Les secours de maladie sont suspendus :

1° Aussi longtemps que l'ayant droit accomplit une peine privative de liberté, ou se trouve en état de détention préventive, ou interné dans un pénitencier ou une maison de correction. Si par suite de maladie, l'assuré est devenu incapable de travailler, le secours pécuniaire de famille sera néanmoins alloué aux membres de sa famille ;

2° Pour les ayants droit qui, malades, se rendent volontairement à l'étranger sans l'assentiment de la Caisse et cela, aussi longtemps qu'ils y séjourneront sans son autorisation ;

3° Pour les ayants droit étrangers, pendant la durée de leur expulsion du territoire français en raison d'une condamnation pénale.

Si l'ayant droit a des parents restés en France pouvant prétendre à l'assistance aux familles, ce secours doit leur être alloué.

Lorsqu'un assuré malade transfère sa résidence à l'étranger, la Caisse peut se libérer envers lui par un versement unique. Ce paiement doit correspondre à la valeur du secours auquel l'intéressé aurait eu droit pour la durée probable de la maladie, et l'assistance médicale sera évaluée aux trois huitièmes du salaire de base.

Les droits aux prestations des Caisses sont prescrits deux ans après leur début.

Diminution des prestations. — La diminution n'est admise que si l'assuré doit rembourser à la Caisse des cotisations dues, des avances faites, des prestations indûment payées, des frais incombant à l'assuré ou des amendes infligées par l'administration de la Caisse. Les droits à l'indemnité de maladie ne peuvent être réduits que jusqu'à concurrence de la moitié.

Lorsqu'un assuré reçoit en même temps un secours pécuniaire de maladie d'une autre assurance, la Caisse-maladie légale peut réduire ses prestations, de façon que le total des indemnités perçues par l'assuré ne dépasse pas le montant de son salaire quotidien moyen.

Les prestations des Caisses-maladie sont indépendantes des prestations de l'assurance contre les accidents, l'invalidité-vieillesse et de celles de la Caisse des employés.

Les Caisses-maladie peuvent néanmoins introduire des demandes en remboursement envers les corporations, à savoir :

1° Remboursement d'un supplément à l'indemnité de maladie s'élevant jusqu'aux deux tiers du salaire de base à partir de la cinquième jusqu'à l'expiration de la treizième semaine après l'accident ; si le blessé n'a pas à percevoir d'indemnité au delà de la treizième semaine, c'est-à-dire lorsque la corporation d'assurance-accidents n'intervient pas, l'entrepreneur aura à rembourser ce supplément ;

2° Remboursement des secours de maladie fournis dans des accidents du travail après la treizième semaine ;

3° Remboursement de l'indemnité funéraire, payée par la Caisse-maladie, dans la proportion prévue par l'assurance-accidents.

Inversement, le droit de remboursement est prévu en faveur des institutions d'assurance-accidents et invalidité vis-à-vis des Caisses-maladie, si ces institutions d'assurance se chargent des traitements.

Les dites Caisses ne sont d'ailleurs redevables vis-à-vis des autres institutions d'assurance qu'autant que le malade aurait eu droit légalement ou statutairement à leur assistance.

Les Caisses-maladie doivent rembourser de même l'assistance publique dans le cas où celles-ci a secouru un indigent pendant une période durant laquelle il avait droit à l'assistance légale des secours de maladie.

Institutions de l'assurance et affiliation à celles-ci. — Les Caisses locales de malades et les Caisses d'entreprises et de corporations sont considérées comme organes de l'assurance contre la maladie.

Les Caisses locales sont, en principe, établies pour la circonscription d'un Office d'assurance. En Alsace et en Lorraine, il a été créé des Caisses locales générales de malades pour toutes les catégories d'assurés. Les Caisses locales générales de malades sont créées par décision de l'Administration supérieure.

Des Caisses d'entreprises peuvent être créées par des employeurs pour tout établissement dans lequel ils occupent habituellement au moins 150 personnes assujetties à l'assurance, et pour toute exploitation agricole ou entreprise de navigation où sont occupées au moins 50 personnes assujetties à l'assurance avec l'approbation des assurés intéressés.

Des caisses de corporation peuvent être créées par des corporations pour leurs membres ; un minimum d'assurés n'est pas exigé.

Une Caisse d'entreprise ou de corporation ne peut être instituée que :

1° Si elle ne compromet pas la vitalité et le fonctionnement financier de la Caisse locale de malades existante ;

2° Si ses prestations statutaires sont au moins équivalentes à celles de la Caisse locale de malades compétente ;

3° Si sa capacité financière est garantie de façon durable.

Les personnes assujetties à l'assurance qui ne sont pas occupées dans une entreprise disposant d'une Caisse ou qui ne sont pas employées dans une entreprise appartenant à une corporation ayant une Caisse de leur ressort, appartiendront, dès le début de leur occupation, à la Caisse locale de malades. Pour les assurés occupés dans un lieu fixe (lieu de service) celui-ci sera considéré comme lieu de l'occupation, même s'ils exécutent pour l'employeur des travaux de peu de durée en dehors de ce lieu, ou s'ils sont occupés à des travanx exécutés dans le ressort de différentes Caisses locales de malades ; en cas d'emploi dans des lieux non fixes, le siège de l'entreprise sera considéré comme lieu de l'occupation.

Pour les assurés volontaires et personnes occupées à titre temporaire la compétence de la Caisse sera réglée exclusivement d'après leur domicile.

Les employeurs sont tenus, au moyen de bulletins réglementaires d'entrée et de sortie, de déclarer à la Caisse-maladie compétente, au plus tard le troisième jour à dater du commencement de l'occupation, et de faire rayer, dans le même délai de trois jours après la cessation de l'engagement, toute personne employée par eux et assujettie à l'assurance. Les changements de salaires qui provoquent un changement de la classe de cotisation doivent être déclarés dans un délai de trois jours.

L'omission de déclaration entraîne des amendes pouvant atteindre 375 francs ; indépendamment de celles-ci, il est procédé au recouvrement des cotisations impayées et le Comité directeur de la Caisse peut, en outre, imposer à la personne punie le paiement d'une somme pouvant s'élever au quintuple des cotisations arriérées.

Les travailleurs à domicile sont assurés auprès de la Caisse locale de malades dans le ressort de laquelle ils ont leur propre atelier, sans qu'il soit tenu compte du siège de l'entreprise du donneur d'ouvrage ; les personnes qu'ils occupent à domicile sont également assurées auprès de la même Caisse. Les obligations concernant les déclarations et le paiement de cotisations aux Caisses compétentes incombent au donneur d'ouvrage ou au travailleur à domicile pour les personnes qu'il emploie à domicile. Lorsque des personnes travaillant chez elles sont occupées par des intermédiaires pour le compte d'un tiers, ce dernier est tenu solidairement avec les intermédiaires au paiement des cotisations.

Les personnes occupées à titre temporaire (couturières, laveuses, femmes de peine) c'est-à-dire travaillant moins d'une semaine pour le même employeur et sans que cette occupation ait lieu à des périodes régulières, ou qui ne sont pas occupées à des jours fixes de la semaine chez le même employeur, sont tenues, sous peine d'une amende allant jusqu'à 12 fr. 50, de se faire inscrire elles-mêmes à la Caisse locale de malades ; leur affiliation à cette dernière commence le jour de leur inscription.

Caisses libres agréées. Les personnes assujetties à l'assurance, *membres d'une Caisse libre agréée*, pourront sur leur demande être dispensées de l'assurance dans la Caisse-maladie légale dont elles font partie ; elles n'ont aucun droit aux prestations de cette Caisse, ne sont pas éligibles et n'ont pas la qualité d'électeur. Leurs employeurs n'ont, dans ce cas, à verser que leur propre cotisation à la Caisse-maladie légale.

Comme Caisses libres agréées entrent en ligne de compte les associations d'assurance mutuelle qui ont obtenu, avant le 1er avril 1909, le certificat d'admission en qualité de « Caisse auxiliaire enregistrée ».

Par décret du 19 février 1921, les catégories de personnes qui pouvaient être dispensées de l'assurance obligatoire avant le 11 novembre 1918 par leur affiliation à une des Caisses libres agréées, ayant leur siège en Allemagne et qui avaient constitué des associations d'assurances privées sous la législation locale, dans les départements du Haut-Rhin, du Bas-Rhin et de la Moselle, pouvaient bénéficier de ces prescriptions à condition toutefois que les dites associations aient formé leur demande d'agrément dans le délai d'un mois à dater de l'insertion du décret au *Journal Officiel*.

Le même décret spécifiait que les Caisses-maladie étaient tenues de céder à la Caisse agréée les cotisations qu'elles avaient perçues en vertu du § 507, alinéa 2, jusqu'à concurrence des quatre cinquièmes de ces cotisations, le dernier cinquième restant aux Caisses-maladie à titre d'indemnité de recouvrement.

En outre, il prescrivait que l'affiliation à une Caisse agréée ne pouvait dépendre d'un examen médical et que les différends entre les assurés obligatoires et les Caisses agréées au sujet du paiement des cotisations, des prestations, etc., dépendraient de la juridiction du contentieux administratif et judiciaire instituée pour les autres autorités d'assurances.

Unions de Caisses. — Des Caisses-maladie qui ont leur siège dans le ressort du même Office d'assurance peuvent, par décisions conformes de leurs délégations, se constituer en Union avec l'autorisation de l'Office supérieur des assurances sociales ; une Union de Caisses peut s'étendre sur le ressort de plusieurs Offices d'assurance. En faveur des caisses qui lui sont affiliées l'Union peut prendre des décisions communes dans les questions suivantes :

1° Engager des employés ;

2° Préparer ou conclure des conventions avec des médecins, des dentistes, des techniciens-dentistes, des propriétaires ou gérants de pharmacies, des hôpitaux, et au sujet de la fourniture de remèdes thérapeutiques ou d'autres objets nécessaires au traitement médical ;

3° Exercer d'après des principes uniformes la surveillance des malades ;

4° Créer et exploiter des sanatoria et des établissements de convalescence ;

5° Se charger des prestations jusqu'à concurrence de la moitié, et des frais de certaines catégories de maladies pour la totalité.

S'il s'agit d'Unions de Caisses d'autre nature qui poursuivent un but général d'assistance aux malades, les ressources des Caisses ne peuvent être utilisées qu'avec le consentement des deux groupes du Comité directeur. Avec l'assentiment de l'autorité administrative suprême, les dites Unions de Caisses peuvent exécuter certaines obligations des Unions des Caisses susmentionnées.

Les Unions de Caisses de ce dernier genre sont :

1° L'Union des Caisses locales de malades d'Alsace et de Lorraine ;

2° Le Syndicat des Caisses-maladie d'entreprises et de corporations du Bas et du Haut-Rhin et des régions limitrophes ;

3° L'Association Lorraine des Caisses-maladie des entreprises minières et industrielles,

dont il sera question dans des chapitres spéciaux.

Sections. — Les Caisses-maladie peuvent, avec le consentement de l'Office supérieur des assurances sociales, créer des sections pour certains groupes de leurs membres ou pour certaines circonscriptions et leur attribuer une partie déterminée des revenus et des prestations, à concurrence des deux tiers au maximum. Les statuts règlent les autres dispositions, notamment la constitution, l'administration, les obligations et la compétence de ces sections.

Organes et administration des caisses-maladie. — *Composition et élection.* Les caisses sont administrées par les comités directeurs et les délégations.

Ces deux organes se composent pour un tiers de délégués des employeurs participants et pour les deux tiers de délégués des assurés intéressés.

La délégation se compose de 90 délégués au plus, dont un tiers est élu dans le groupe des employeurs majeurs et les deux autres tiers dans celui des assurés majeurs.

Les délégués des employeurs et des assurés dans la délégation élisent séparément, dans leurs groupes respectifs, les membres du Comité directeur également dans la proportion d'un tiers pour les employeurs et de deux tiers pour les assurés.

Seuls les Français majeurs, n'ayant pas perdu, à la suite d'une condamnation pénale, la capacité d'exercer des fonctions publiques ou n'ayant pas été privés à la suite d'une mesure judiciaire de la libre disposition de leurs biens, sont éligibles. En qualité d'employeurs sont seules éligibles les personnes qui paient à la Caisse des cotisations pour des employés assujettis obligatoires et, d'autre part, sont seules éligibles comme assurés les personnes assurées à la Caisse.

Les employeurs de personnes occupées à titre temporaire, tout au moins s'ils ne justifient que de ce cas particulier, ne sont, ni éligibles ni électeurs.

Il en est de même : des employeurs en retard pour le paiement de leurs cotisations, des personnes occupées à titre temporaire qui ne paient pas leurs propres cotisations et, enfin, des assurés obligatoires qui sont membres d'une Caisse libre agréée et dont les propres droits et obligations sont suspendus sur leur demande.

L'employeur remplissant les conditions d'éligibilité ne peut décliner l'élection que :

1° S'il est âgé de 60 ans accomplis ;
2° S'il a plus de quatre enfants légitimes mineurs ;
3° S'il est dans l'impossibilité par maladie ou infirmité, de remplir convenablement ses fonctions ;
4° S'il est chargé de plus d'une tutelle ou d'une curatelle ;
5° S'il a exercé les mêmes fonctions pendant au moins deux ans, au cours de la période précédente ;
6° S'il n'occupe que des domestiques.

Un employeur qui décline l'élection sans *motif légitime* peut être frappé, par le président du comité directeur, d'une amende pouvant atteindre 625 francs.

Le scrutin est secret ; il a lieu d'après les principes de la représentation proportionnelle, conformément aux dispositions spéciales édictées par le règlement électoral, qui constitue une partie intégrante des statuts. Il est procédé à la nomination des suppléants en nombre au moins double de celui des représentants à élire. Les suppléants prennent, dans l'ordre établi par le règlement électoral et pour le reste de la période pour laquelle a lieu l'élection, la place des délégués sortants ou révoqués. Les suppléants des membres du comité directeur sont également appelés à remplacer ces membres, lorsque, par suite d'empêchement; il ne serait pas possible d'obtenir le quorum et ce, pour une délibération ne pouvant être ajournée.

Les élections ont lieu pour une durée de quatre années. Les élus restent en fonctions après l'expiration de cette période jusqu'à la nomination de leurs successeurs. Les membres sortants sont rééligibles.

Les élections ont lieu sous la direction du comité directeur. — La première élection qui suit l'installation d'une Caisse est dirigée par un délégué de l'Office d'assurance qui n'assiste aux élections ultérieures que s'il n'y a pas de comité directeur.

Les membres de la délégation ne peuvent appartenir au comité directeur ; par le fait de leur nomination comme membres du comité directeur, ils cessent de faire partie de la délégation ; en outre les membres du comité directeur ne peuvent pas être en même temps employés salariés de la Caisse.

Les membres du comité directeur choisissent dans leur sein, pour une durée de quatre années, le président de la Caisse ; celui-ci pour être élu doit obtenir la majorité des voix, tant dans le groupe des représentants des employeurs que dans celui des assurés. Si cette majorité ne peut être obtenue, l'élection est renvoyée à une autre séance qui doit se tenir dans les quatre semaines suivantes. Si ce deuxième scrutin ne donne pas de résultat, l'Office d'assurance désigne un délégué qui remplit, aux frais de la Caisse, les fonctions de président jusqu'à ce qu'une élection valable ait lieu.

Les membres du comité directeur élisent dans leur sein, par scrutin séparé, un ou plusieurs vice-présidents, investis pour la durée du mandat.

Le président dirige les délibérations du comité directeur, représente la Caisse dans des cas fixés spécialement par les statuts, judiciairement et extra-judiciairement ; il peut infliger à un membre du comité directeur qui se refuserait sans motif valable à remplir ses fonctions une amende pouvant s'élever à 62 fr. 50 et, en cas de récidive, jusqu'à 125 fr.

La délégation choisit son président parmi ses membres ; l'élection à la simple majorité des voix est suffisante.

Pour les Caisses-maladie d'entreprise, le comité directeur et la délégation se composent de l'employeur ou de son représentant et de délégués des assurés dont le nombre doit être au maximum de 50 représentants. L'employeur ou son représentant remplit les fonctions de président et dispose d'un nombre de voix égal à la moitié de celles que les statuts attribuent aux assurés. Les assurés continuant volontairement leur affiliation auprès d'une Caisse-maladie d'entreprise ne peuvent être ni électeurs, ni éligibles. Dans les Caisses de corporations le président et son suppléant sont choisis parmi les membres du comité directeur. Si d'après les statuts, les employeurs et assurés supportent respectivement la moitié des cotisations, les deux groupes par voie de conséquence ont le droit de désigner respectivement la moitié des représentants à la délégation et les dits représentants la moitié des membres du comité directeur.

Attributions. — Le comité directeur est chargé, d'après les dispositions de la loi, des statuts et du règlement qu'il élabore, de l'ensemble de l'administration des affaires de la Caisse et, notamment, de la question financière en tant qu'il ne s'agit pas des attributions de la délégation. Il exécute les décisions de la délégation et s'assure que la Caisse remplit en temps voulu, ses obligations notamment en ce qui concerne la présentation des comptes définitifs à l'Office d'assurance.

La délégation règle toutes les questions qui ne sont pas dévolues, par la loi, les statuts ou règlement de service, au Comité directeur ; elle est plus particulièrement chargée :

1° De l'établissement du projet de budget ;

2° De l'approbation du compte annuel ;

3° De la représentation de la Caisse vis-à-vis des membres du comité directeur ;

4° De la conclusion d'accords et de contrats avec d'autres caisses ;

5° De la création de bureaux locaux de déclaration et de paiement ;

6° De la modification des statuts ;

7° De la dissolution de la Caisse ou de sa fusion volontaire avec d'autres Caisses ;

8° De la réglementation de la déclaration, de la surveillance générale des malades et de leur attitude ;

9° De délibérer sur toutes les questions qui lui sont soumises par le comité directeur ou l'autorité de surveillance.

Les décisions à prendre concernant soit la modification des statuts, soit la dissolution de la Caisse ou sa fusion avec d'autres Caisses doivent réunir la majorité des voix, tant parmi les employeurs que parmi les assurés. Le vote portant sur la modification des statuts peut avoir lieu en commun, lorsque cette modification est imposée par l'autorité de surveillance ou lorsqu'elle porte sur les prestations de la Caisse et sur les cotisations pour lesquelles un vote séparé n'est pas légalement et expressément prescrit.

La délégation doit approuver :

1° Le règlement de service des employés des Caisses, établi ou modifié par le comité directeur ;

2° Les décisions du comité directeur relatives à la création d'hôpitaux ou d'établissements de convalescence.

Le comité et la délégation représentent la Caisse, lorsqu'il s'agit d'acquérir, d'aliéner ou d'hypothéquer des immeubles.

Administration des fonds, comptabilité et Caisse. — La comptabilité et la Caisse sont régies par les prescriptions spécialement édictées et par les règlements des statuts de la Caisse ainsi que par les décisions prises par le comité directeur et la délégation. Les ressources des Caisses ne peuvent être employées qu'aux prestations statutaires, à la constitution du fonds de réserve, aux frais d'administration, aux mesures générales de prophylaxie ainsi qu'à tous les autres buts admis ou prescrits.

Les fonds disponibles, tant qu'ils ne sont pas nécessaires pour couvrir les dépenses courantes, sont placés à intérêt d'après les instructions du comité directeur.

Les fonds des Caisses doivent, en principe, être placés comme ceux des pupilles. Les sommes momentanément disponibles peuvent, avec l'assentiment de l'autorité administrative suprême, être placées autrement.

La Caisse doit constituer un fonds de réserve s'élevant au moins à la moyenne des dépenses annuelles des trois derniers exercices et le maintenir à ce chiffre. Lorsque les recettes de la Caisse ne couvrent pas ses dépenses, y compris les sommes destinées au fonds de réserve, le comité directeur propose à la délégation, soit la réduction des prestations à l'attribution des prestations normales, soit l'augmentation des cotisations. Si, par contre, les recettes de la Caisse excèdent les dépenses et que le fonds de réserve ait atteint le double du minimum légal, le comité directeur doit proposer à la délégation une réduction des cotisations ou une augmentation des prestations.

L'exercice correspond à l'année civile. A la fin de l'exercice la Caisse est tenue de fournir à l'Office d'assurance, d'après un modèle prescrit et dans un délai fixé, un arrêté de compte ainsi que des relevés concernant :

1° Le chiffre des assurés ;

2° Les cas de maladie, les allocations de secours et les décès ;

3° Les cotisations perçues ;

4° Les secours accordés ;

5° La nature et le montant de la rémunération payée pour l'allocation des soins médicaux ;

6° Le nombre des médecins, des médecins spécialistes, des dentistes, des pharmaciens, etc., qui sont en rapport d'affaires avec la Caisse.

Employés. — La situation juridique et les conditions générales *du service des employés* et en particulier la preuve de leurs aptitudes professionnelles, leur nombre, la nature de leurs fonctions, les préavis de congé, la démission et les pénalités sont fixés par un règlement de service pour la rédaction duquel certaines règles légales sont prescrites.

1° L'engagement, la dénonciation du contrat ou le renvoi n'ont lieu que d'un commun accord des employeurs et des assurés appartenant au comité directeur ; la dénonciation et le renvoi, après 10 ans de services, ne peut avoir lieu que pour un motif grave.

2° Les conventions concernant le droit de dénonciation de la Caisse ne peuvent mettre les employés dans une situation plus défavorable que celle où ils se trouveraient à défaut de convention conformément aux dispositions du droit civil.

3° La dénonciation et le renvoi ne doivent pas être exclus en cas de motif grave ;

4° Les amendes ne peuvent excéder la valeur d'un mois d'émoluments ;

5° Les employés qui abusent de leur situation ou de leurs fonctions dans un but religieux ou politique, seront d'abord rappelés à l'ordre et en cas de récidive, congédiés après avoir été entendus.

Le comité directeur avant d'arrêter le règlement de service, doit entendre les employés majeurs. Ce règlement doit être approuvé par l'Office supérieur d'assurances sociales et éventuellement, en cas de litige, être soumis à l'approbation de l'administration suprême. Les employés

CAISSE LOCALE GÉNÉRALE DE MALADES DE STRASBOURG-VILLE

VUE GÉNÉRALE DU BATIMENT D'ADMINISTRATION

soumis aux stipulations du règlement de service doivent être engagés par contrat écrit.

Les litiges soulevés par l'engagement des employés soumis au règlement de service sont jugés par l'Office d'assurance et en cas d'appel définitivement réglés par l'Office supérieur des assurances sociales.

Les comités directeurs des Caisses locales de malades et des Caisses de corporations peuvent, avec l'assentiment de l'Office supérieur des assurances sociales, nommer des employés à vie ou à titre irrévocable d'après le droit public de l'État, ou avec droit à la pension. Pour les Caisses comptant plus de 10.000 assurés, l'Office supérieur des assurances sociales pourra décider, après avoir entendu le comité directeur de la Caisse, que les gérants au moins jouiront de cette prérogative. Le Gouvernement peut investir les employés nommés de cette manière des droits et obligations des fonctionnaires de l'État ou des communes.

Les employés chargés de la gestion des affaires sont, de même que les membres du comité directeur, etc., responsables vis-à-vis de l'institution de leur gestion comme un tuteur à l'égard de son pupille.

Pour les employés des Caisses locales de malades il existe une convention entre l'Union des Caisses locales de malades et le syndicat des employés des services publics au point de vue d'une réglementation générale et uniforme des salaires et du règlement de service des employés de ces Caisses.

En ce qui concerne les Caisses d'entreprises, l'employeur engage à ses frais et sous sa responsabilité, le personnel nécessaire à l'administration de la Caisse.

Rapports entre les Caisses-maladie et les médecins, médecins-dentistes et pharmaciens. — Ces rapports doivent être réglés par contrat écrit. Si cela n'impose pas à la Caisse une surcharge financière beaucoup plus considérable, elle devra laisser à ses assurés le libre choix entre au moins deux médecins.

Si les soins médicaux sont sérieusement compromis du fait que la Caisse-maladie ne peut conclure, dans des conditions convenables, des contrats avec un nombre suffisant de médecins, ou parce que les médecins ne se conforment pas aux contrats, l'Office supérieur des assurances sociales (chambre du contentieux administratif) peut autoriser la Caisse qui en fait la demande à allouer, au lieu du traitement médical nécessaire, une prestation en espèces pouvant aller jusqu'aux 2/3 du montant moyen du secours pécuniaire de maladie.

En général, il est accordé ici aux assurés et partiellement aussi aux membres de leur famille, le choix libre des médecins en se référant aux conditions de contrat passé avec ces derniers. Le paiement se fait, en général, sur les bases d'une somme forfaitaire annuelle fixée par assuré et par répartition d'après le nombre de cas de traitement ou par vacations.

Les relations entre Caisses et médecins du Bas et du Haut-Rhin sont réglées par une convention spéciale, passée entre l'Union des Caisses locales et le syndicat des Caisses-maladie d'entreprises et de corporations d'une part et la Fédération des syndicats médicaux d'Alsace d'autre part.

Le traitement médical, au sens de la loi, ne pourra être exécuté que par des médecins diplômés et pour les maladies des dents que par des médecins-dentistes diplômés également ; dans certaines conditions déterminées par le Code et les règlements, des mécaniciens-dentistes (dentistes non diplômés) peuvent être admis au traitement des maladies dentaires.

Pour le traitement dentaire de leurs assurés et éventuellement des membres de leur famille, les Caisses locales de malades de Strasbourg-Ville, Mulhouse-Ville et Sainte-Marie-aux-Mines ont installé — avec plein succès — leurs propres cliniques dentaires dirigées par des chirurgiens-dentistes diplômés.

En ce qui concerne les fournitures de médicaments, les statuts peuvent autoriser le comité directeur à traiter, à des conditions avantageuses, avec des pharmaciens ou avec d'autres personnes qui en font la vente. Les pharmaciens appartenant à la circonscription de la Caisse peuvent participer à ces conventions.

Les pharmaciens doivent accorder aux Caisses de malades une réduction sur le prix tarifé des médicaments. L'autorité administrative suprême en détermine le montant ; elle peut subordonner cette réduction à la condition que la Caisse s'y approvisionne d'une quantité déterminée de produits.

Le Gouvernement fixe, en tenant compte des conditions locales et des prix de détail usuels, le prix maximum des médicaments simples qu'il est d'usage de délivrer sans ordonnance médicale (vente au détail).

Pour l'Alsace et la Lorraine :

Les pharmaciens accordent aux Caisses-maladie un rabais de 10 % sur le prix de la taxe pour les médicaments ; cette réduction n'est accordée que si le paiement est effectué 3 mois après l'envoi de la facture à la Caisse.

Pour les préparations fabriquées dans les usines et livrées complètement achevées (et dans un paquetage d'origine) et avec une majoration de 60 % ou moins sur le prix d'achat, il n'y a pas de réduction sur la taxe.

Pour les médicaments simples fournis par les pharmacies aux Caisses-maladie et qui se vendent généralement sans ordonnance (en détail), les pharmacies ne peuvent pas majorer les prix fixés dans le tarif de vente de détail officiel.

La fixation de la taxe des médicaments, celle de la taxe de la vente au détail sont soumises à l'approbation préalable d'une commission spéciale, dans laquelle, en dehors des délégués des pharmaciens, les Caisses sont représentées par deux délégués avec droit de vote et par un délégué avec voix consultative.

III

Les caisses locales de malades en Alsace et en Lorraine

Organisation des Caisses. — Les organes principaux de l'assurance-maladie obligatoire : les Caisses locales de malades furent créées en Alsace et Lorraine au moment de la mise en application de l'assurance-maladie, le 1er décembre 1884. En outre il existait de très nombreuses Caisses-maladie d'entreprises, qui fonctionnaient comme institutions facultatives, ainsi que des Caisses-maladies auxiliaires libres (Sociétés de secours mutuels).

La création des Caisses-maladie fut avant tout territoriale, c'est-à-dire organisée d'après les divers districts ; dans certains de ces derniers entraient également en ligne de compte les Caisses locales de malades pour certaines professions, comme cela fut le cas pour les districts de Strasbourg-Ville et Strasbourg-Campagne.

Au moment de la réorganisation complète de l'assurance-maladie par l'application du Code des assurances sociales, il existait en Alsace-Lorraine 59 Caisses locales de malades pour les divers districts et parmi celles-ci une seule pour une branche spéciale, celle de l'industrie de la brasserie à Schiltigheim.

La nouvelle organisation en Alsace et en Lorraine produisit avant tout (et conformément à la réglementation légale), la fusion des différentes Caisses locales de malades, organisées pour les divers cantons, et amena la création d'une Caisse locale générale de malades par arrondissement dans chacun desquels fut en outre créé un Office d'assurance. De ce fait il n'existe plus que 27 Caisses locales de malades en Alsace et en Lorraine, dont 4 exclusivement pour les villes dans lesquelles avait été créé également un Office d'assurance communal, à savoir : Strasbourg, Colmar, Mulhouse et Metz. Dans deux cas seulement on fit abstraction de la règle de ne créer des caisses locales de malades que dans la circonscription d'un Office d'assurance respectivement pour les arrondissements de Ribeauvillé et de Saverne. En effet dans ces deux arrondissements des Caisses locales de malades furent créées pour des parties de la circonscription de l'Office d'assurance, c'est-à-dire dans l'arrondissement de Ribeauvillé pour le canton de Sainte-Marie-aux-Mines et dans celui de Saverne pour les cantons de Bouxwiller et de La Petite-Pierre, ainsi que pour les cantons de Sarre-Union et de Drulingen.

Certaines de ces Caisses locales générales de malades, instituées après cette nouvelle organisation usèrent du droit de créer des sections par exemple pour les districts des anciennes Caisses locales de malades cantonales, en maintenant les employés de ces anciennes Caisses comme employés des sections. Au lieu de sections, quelques Caisses ont prévu seulement des succursales dans leur circonscription.

La réorganisation établie sur cette base a, en général, donné de très bons résultats. Le groupement de circonscriptions plus importantes eut pour conséquence une capacité d'action, d'organisations et de prévisions financières plus étendue des Caisses. Il en est résulté, en outre la possibilité d'une plus grande extension des prestations supplémentaires. En ce qui concerne les autres catégories de Caisses, il fut créé, à la suite de la nouvelle réorganisation : 264 Caisses-maladie d'entreprises, dont 64 dans le Bas-Rhin, 135 dans le Haut-Rhin et 65 dans la Moselle ; et 12 Caisses-maladie de corporations.

L'Union des Caisses. — La nouvelle organisation des Caisses locales de malades bénéficia particulièrement de l'existence de l'Union des Caisses locales de malades d'Alsace et de Lorraine. Suivant les statuts établis au moment de sa création, c'est-à-dire le 26 mars 1905, l'Union des Caisses doit poursuivre un but général d'assistance aux malades, et sauvegarder tous les intérêts communs des Caisses. En quelque sorte, elle doit être le centre des Caisses locales de malades, provoquer l'échange d'idées réciproques et viser à une activité coordonnée en vue du développement des Caisses, pour le maintien et l'extension de leur capacité. La gérance de l'Union doit rester en contact permanent avec les différentes Caisses. L'Union doit transmettre aux autorités et autres organisations des pétitions et requêtes émanant de la généralité ou de la majeure partie des Caisses ; elle doit être aussi entendue par les autorités et le Gouvernement comme expert-représentant des Caisses lors des modifications à apporter à la loi ou pour l'examen d'autres questions importantes, du domaine des Caisses-maladie. D'autre part le bureau de l'Union doit fournir aux Caisses des consultations juridiques gratuites. L'autonomie des différentes Caisses au sujet de l'administration de leurs propres affaires, ne doit, en aucun cas, être influencée par l'Union.

La direction de l'Union s'effectue par une Caisse gérante, élue chaque année dans l'assemblée générale ; le siège de l'Union et de son bureau est toujours fixé au siège de la Caisse désignée comme gérante. Depuis la création de l'Union la gérance est assurée par la

CAISSE LOCALE GÉNÉRALE DE MALADES DE STRASBOURG-VILLE

GRAND HALL ET GUICHETS

Caisse locale générale de malades de Strasbourg-Ville; la Caisse gérante met, sur leur demande, son gérant à la disposition des Caisses de l'Union pour la révision de leurs comptes de gestion et pour leur fournir des expertises; plusieurs Caisses ont déjà eu recours à cette organisation.

L'Union possède un service de contrôle général pour les ordonnances, dirigé par un médecin-réviseur et un pharmacien-réviseur. Des conventions spéciales sont passées entre l'Union et la Fédération des Syndicats médicaux d'Alsace, réglant les relations entre les médecins et les Caisses des départements du Bas et du Haut-Rhin.

En vue de concrétiser les efforts tentés dans le domaine de l'hygiène sociale, l'Union est en contact étroit avec les grandes organisations de prévoyance spécialisées dans ce domaine, c'est-à-dire avec « l'Association alsacienne et lorraine contre la Tuberculose », la « Ligue antivénérienne d'Alsace et de Lorraine » et « l'Association alsacienne et lorraine de puériculture ».

Les frais résultant de l'envoi de délégués aux assemblées de l'Union (Congrès) sont supportés par chaque Caisse participante ; les frais de gestion, etc. sont prélevés sur les recettes fournies par les cotisations fixées chaque année lors de l'assemblée générale et payées par les différentes Caisses, d'après la moyenne de leurs assurés de l'année précédente.

Lors de la création de l'Union, 16 Caisses avec 80.394 assurés donnèrent leur adhésion ; l'année précédant la réorganisation sur les 59 Caisses locales de malades d'Alsace et de Lorraine, 49 avec 148.171 assurés faisaient déjà partie de l'Union; actuellement, les 27 Caisses locales de malades lui appartiennent avec une moyenne de 211.527 assurés pour l'année 1922.

Par son activité, l'Union a obtenu, lors de la réorganisation des Caisses au début de l'année 1914, non seulement la fixation de statuts uniformes, mais aussi une coordination des classes de traitements et de salaires de base et même une certaine uniformité dans la gestion des affaires, notamment pour les registres, formulaires, etc.

La Caisse gérante de l'Union, outre l'organisation des assemblées annuelles a fait paraître chaque année, des comptes rendus détaillés, montrant son activité, exposant la situation et faisant ressortir les résultats obtenus par les Caisses de l'Union. Ces comptes rendus devaient, en quelque sorte, servir d'annuaires des Caisses de malades d'Alsace et de Lorraine; au début, malheureusement, ces comptes rendus ne pouvaient pas donner un aperçu complet de la situation d'avant la nouvelle organisation, toutes les Caisses ne faisant pas encore partie de l'Union et aussi parce qu'il manquait, en général, une statistique exacte et officielle, un tableau récapitulatif sur les résultats des affaires des Caisses pour chaque année et pour toutes les Caisses de malades.

Ce n'est qu'à partir de 1914, lorsque l'Union engloba toutes les Caisses locales de malades, qu'il fut possible d'obtenir au moins un aperçu d'ensemble de leur activité.

Ci-dessous quelques chiffres se rapportant aux 27 Caisses locales de malades depuis leur nouvelle organisation (1914-1921) :

Cas de maladie (avec incapacité de travail)		664.836
Jours d'indemnités de maladie		14.561.195
Cas de décès d'assurés		13.787
Total des recettes (cotisations, intérêts des placements et autres recettes)	fr.	125.078.489,09
Total des dépenses (paiement des soins, secours en espèces, frais d'administration et divers)	fr.	106.633.214,61
La fortune totale des Caisses se montait à la fin de l'exercice 1921 à	fr.	19.494.465,29
Dont aux fonds de réserve	fr.	12.770.751,29

Ces chiffres montrent la portée considérable et l'intérêt éminemment social des Caisses locales de malades d'Alsace et de Lorraine dont l'œuvre a été reconnue par le gouvernement français et les autorités chargées des questions d'assurances.

IV

La Caisse locale de malades de Strasbourg-Ville

La Caisse locale de malades de Strasbourg-Ville fut créée le 1er décembre 1884, lors de l'entrée en vigueur des lois relatives à l'assurance contre la maladie ; elle comprenait, pour le district de Strasbourg-Ville, les 7 Caisses locales de malades suivantes, organisées d'après les professions :

- Caisse locale de malades nº I, pour les ouvriers du bâtiment et professions analogues ;
- Caisse locale de malades nº II, pour les personnes s'occupant de denrées alimentaires et produits analogues ;
- Caisse locale de malades nº III, pour les personnes travaillant dans l'habillement ;
- Caisse locale de malades nº IV, pour les personnes s'occupant de l'industrie du bois ;
- Caisse locale de malades nº V, pour les ouvriers de la métallurgie et professions similaires, les mécaniciens de précision, orfèvres, etc. ;

CAISSE LOCALE GÉNÉRALE DE MALADES DE STRASBOURG-VILLE

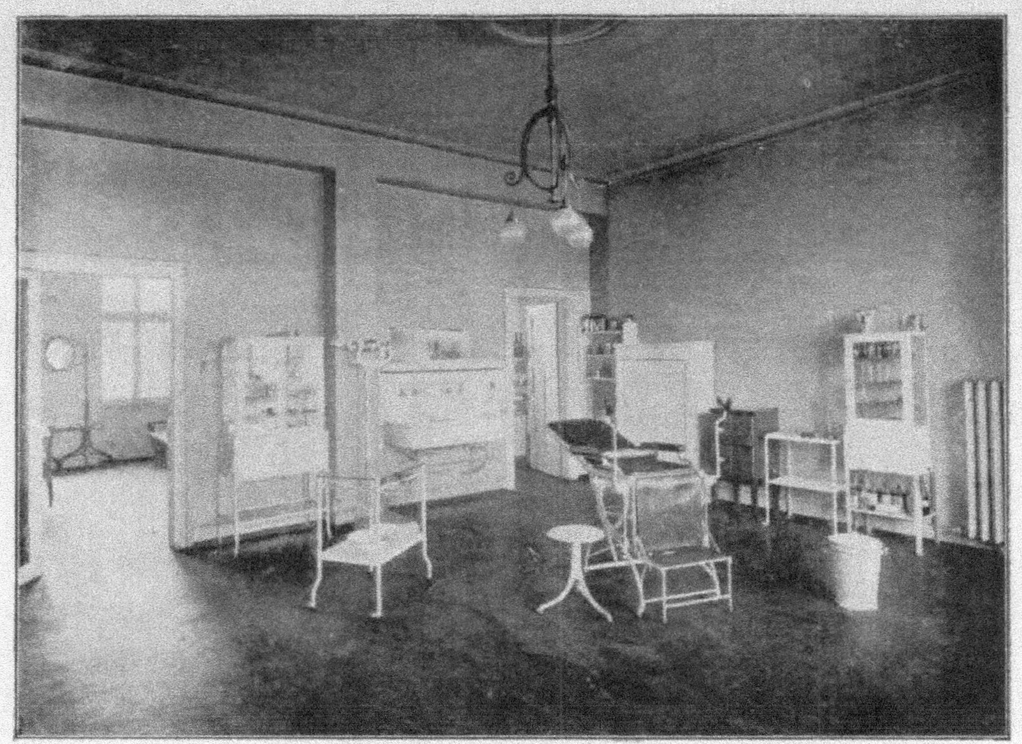

DISPENSAIRE

Caisse locale de malades n° VI, pour les personnes occupées à certains travaux industriels et économiques (coiffeurs, industrie hôtelière, camionnage, expédition) ;

Caisse locale de malades n° VII, pour les personnes de professions diverses n'appartenant pas aux Caisses de I à VI, exemple : l'industrie graphique, les photographes, les ouvriers des manufactures de tabac, etc.

En 1885, les 7 Caisses locales de malades avaient un total moyen de 3.875 assurés ; les 22 Caisses d'entreprises qui existaient alors en avaient 2.535 et les 120 Caisses auxiliaires libres, si florissantes à cette époque, en avaient 10.450. Dans le district de Strasbourg-Ville, il existait donc, en 1885, en tout 149 Caisses avec 16.860 assurés.

De 114 Caisses auxiliaires avec 10.952 assurés existant en 1892, il ne restait plus, en 1893, que 75 Caisses avec 7.530 assurés ; par contre, le chiffre des assurés de la Caisse locale de malades s'éleva, d'une moyenne de 5.971 en 1892, à 8.086 en 1893. A partir de cette époque, le nombre des assurés a progressé rapidement d'année en année jusqu'en 1906 pour atteindre environ 36.000 au moment de l'entrée en vigueur du C. A. S. ; à la suite de son introduction à partir du 1er janvier 1914, le total des membres passa à plus de 43.000 assurés, y compris ceux des 8 Caisses d'entreprises dissoutes par le nouveau Code et dont les membres furent inscrits à la Caisse locale de malades à partir de cette date.

Au début de la guerre, la Caisse comptait environ 45.000 assurés ; ce chiffre tomba rapidement à la suite de la déclaration de guerre jusqu'au 1er septembre à 27.662 pour remonter jusqu'à 35.615 à la fin de l'année 1914. Après l'armistice le total des assurés retomba comme au début de la guerre à la suite de la fermeture des usines de guerre, etc., à 35.000 en décembre pour dépasser 45.000 à la fin du mois de mai 1919. Pendant la durée de la guerre, le total des femmes assurées fut rapidement supérieur à celui des hommes assurés et, en 1917, cette différence était d'environ 6.000.

Extension. — Le développement et l'organisation intérieure de l'administration des 7 Caisses locales de malades de Strasbourg, réunies ultérieurement en une seule sont intéressants. A partir de 1891, les Caisses locales de malades nos II, III, V, et VI fusionnèrent en une seule Caisse générale avec environ 2.517 assurés ; les Caisses IV et VII restèrent séparées et prirent la désignation des nos II et III, tandis que la Caisse n° I continua à garder sa désignation. Cette caisse n° I comptait en août 1891 : 995 assurés, la nouvelle Caisse n° II : 913 et la Caisse n° III : 962.

Les Caisses nos II et III, comptant alors environ 1.500 assurés, fusionnèrent, à partir du 12 juin 1892, avec la Caisse locale générale de malades, déjà existante et, à partir du 1er janvier 1893, avec la Caisse n° I de l'industrie du bâtiment, la seule qui fonctionnait encore et dont la fusion avait jusqu'à présent été refusée par les autres Caisses en raison de sa situation peu florissante.

La Caisse se développa surtout en 1897 lorsque les syndicats ouvriers participant pour la première fois aux élections de l'assemblée générale obtinrent la majorité dans les organes administratifs de la Caisse. C'est aussi de cette époque que date le développement qui a favorisé l'extension des prestations et l'organisation de la Caisse. Successivement, et jusqu'à la date du 1er octobre 1899, les périodes d'attente au droit d'indemnité de maladie furent supprimées et, un an après, le 1er octobre 1900, eut lieu la grande révision des statuts de la Caisse, à la suite de laquelle l'extension considérable des prestations, telles que l'augmentation du taux d'indemnité de maladie de 50 à 60 % du salaire de base et l'introduction de l'assistance aux familles des assurés sous forme de soins médicaux gratuits et d'indemnité funéraire aux femmes et aux enfants. Par des réformes efficaces dans le domaine du contrôle des malades et de l'attribution de médicaments (augmentation et renforcement du contrôle des malades, contrôle plus efficace des ordonnances pharmaceutiques, établissement d'une taxe pour la vente au détail) il fut possible d'améliorer la situation de la Caisse. A cette époque remonte aussi, outre l'organisation statutaire des prestations légales, l'amélioration et le perfectionnement continuel des soins médicaux, tels que le choix libre des médecins, encore restreint, l'engagement de médecins spécialistes, la création de consultations du soir, etc. ; en ce qui concerne plus spécialement la fourniture de médicaments, on ajouta l'attribution du lait, de fortifiants, de remèdes thérapeutiques plus importants et dans les autres domaines l'organisation et l'extension des traitements curatifs, participation aux frais de dentiers, soins dans le sanatorium du Neuhof, etc.

Jusqu'au 1er janvier 1904, l'extension des prestations put être attribuée au taux de cotisations de 2 1/2 % du salaire de base. A partir de ce moment, où entra en vigueur la loi du 25 mai 1903, ainsi qu'une extension des prestations, le taux des cotisations fut porté pour la première fois à 3 % du salaire moyen ; des augmentations successives eurent lieu : le 1er janvier 1906, en portant le taux de 3 % à 3 1/2 %, pour le rétablissement de l'équilibre financier compromis par suite de l'augmentation des prestations, grevant considérablement le fonds de réserve ; le 1er janvier 1908 ce taux fut porté à 4 % du salaire de base à la suite de l'augmentation du tarif de l'hôpital civil le 1er octobre 1907, et enfin à partir du 1er juillet 1911, à 4 1/2 % du salaire de base. En même temps que l'augmentation des cotisations, il fallut réduire le taux maximum de l'indemnité de maladie de 60 à 55 % du salaire de base, après avoir procédé à la réintroduction d'une journée d'attente pour la perception

CLINIQUE DENTAIRE DE LA CAISSE LOCALE GÉNÉRALE DE MALADES DE STRASBOURG-VILLE

SALLE POUR LES OBTURATIONS

du secours pécuniaire en cas de maladie, etc. L'augmentation des cotisations a été la conséquence des conditions économiques défavorables tant par le développement général des maladies que, par l'augmentation des dépenses de la Caisse.

Pendant la guerre, celle-ci a continué, malgré les difficultés de la situation, ses prestations supplémentaires qui purent même être un peu étendues en 1916 par l'augmentation de l'allocation de famille en cas d'hospitalisation qui fut portée à trois quarts de l'indemnité de maladie, ainsi que l'allocation des subventions aux femmes et enfants des assurés en cas d'hospitalisation. Mais la situation, devenue plus défavorable en 1917 et 1918, nécessita, afin de pouvoir maintenir les prestations, une augmentation des cotisations. La première augmentation de 4 1/2 à 4 3/4 % du salaire de base, eut lieu à partir du 1er juillet 1917, puis elle fut portée à 5 % de ce salaire à dater du 28 janvier 1918 et à 6 % à partir du 27 octobre 1919. En 1918 ce fut l'épidémie de grippe et une augmentation de 50 % des frais d'hôpital qui nécessitèrent l'augmentation des cotisations afin de maintenir toutes les prestations supplémentaires.

Lorsque, après l'armistice, la situation fut redevenue presque normale, les cotisations purent de nouveau être réduites à partir du 1er janvier 1921 à 5 1/2 % du salaire de base et à partir du 1er janvier 1922 à 5 1/4 %, tout en étendant les prestations, notamment dans le domaine des secours à la famille (remèdes thérapeutiques, cures de repos, prestations aux femmes en couches.

D'après la loi et les statuts le comité directeur (composé de 4 employeurs et de 8 délégués des assurés) et la délégation (composée de 30 employeurs et de 60 assurés) sont responsables de la gestion des affaires. L'avant-dernière élection de ces 2 organes eut lieu lors de l'entrée en vigueur du Code des assurances sociales à partir du 1er janvier 1914 et pour la première fois d'après le système de la représentation proportionnelle. Les dernières élections furent effectuées au début de l'année 1920 avec effet du 1er avril.

Actuellement 42 employés sont chargés du service intérieur de la Caisse, et 12 de l'extérieur ; parmi ces derniers 6 remplissent les fonctions d'encaisseurs et 6 celles de contrôleurs de malades. Il y a, en outre, 13 contrôleurs auxiliaires travaillant pour la Caisse en dehors de leur occupation habituelle (dont 4 à l'intérieur de la ville, 5 pour la banlieue et 4 pour l'extérieur).

Il est intéressant de suivre le développement de l'organisation intérieure de la Caisse. L'extension continue de la Caisse nécessita des réformes dont la plus marquante fut l'introduction de la fiche individuelle si pratique, pour ne pas dire indispensable, dans un service aussi important que celui de la Caisse locale générale de malades de Strasbourg-Ville; ces fiches individuelles, classées par ordre alphabétique, fournissent tous les renseignements utiles. Une réforme non moins importante fut la réorganisation des bureaux notamment au point de vue comptabilité générale et la création d'une statistique étendue.

Les résultats du développement de la statistique se constatent dans les comptes rendus annuels de la Caisse, parus dès 1897, contenant d'année en année des détails plus complets et des statistiques plus précises. Au cours des années 1901 à 1905, les rapports de la Caisse furent complétés, notamment par la publication d'un « état des logements des assurés malades », basée sur les résultats des enquêtes des contrôleurs de malades. Toutes les constatations et publications faites dans ce domaine eurent pour résultat que la commission des logements, instituée par la ville, poursuivit énergiquement la suppression des logements insalubres et exerça sous la direction compétente d'inspecteurs municipaux une surveillance active des logements. Depuis 1903 figure également dans les comptes rendus un rapport du médecin-conseil de la Caisse, montrant l'activité déployée par les services ; en outre, depuis 1914, figure un rapport du médecin-chef de contrôle et du directeur de la clinique dentaire de la Caisse. Ces comptes rendus sont délivrés gratuitement aux intéressés.

Installation. — Toutes ces réformes dans le domaine de l'administration intérieure ont été complétées par la construction d'un immeuble, propriété de la Caisse, qui renferme depuis 1914 le service totalement réorganisé.

Après de longs pourparlers avec la municipalité de Strasbourg, la construction fut commencée au début de décembre 1912 ; la ville donna gratuitement un emplacement approprié sur le terrain des anciennes fortifications près de la porte d'Austerlitz avec droit de superficie à titre de succession. Les travaux furent activement poussés, de façon que la construction fut achevée au moment de l'entrée en vigueur du Code des Assurances sociales. Tout le rez-de-chaussée et une partie du sous-sol du nouveau bâtiment servent à l'administration de la Caisse ; dans le sous-sol se trouvent, le vestiaire, les lavabos, etc., ainsi que les archives de l'administration. Le rez-de-chaussée comprend un vaste hall aéré par des ventilateurs et dans lequel se trouvent tous les guichets pour le public ; dans ce hall, sont installés les bureaux du président, de la gérance, du secrétariat, de la comptabilité et des contrôleurs ; à droite de l'entrée principale est aménagée la salle des séances.

Les guichets du hall, au nombre de 12, sont facilement accessibles par l'entrée principale. Les assurés peuvent s'adresser à ces guichets

PENSION VIEILLE ÉGLISE HOHWALD

suivant l'ordre alphabétique de leur nom, chaque guichet comprenant en moyenne, deux lettres de l'alphabet. Tous les renseignements et certificats sont délivrés par les employés qui finissent par connaître les assurés de leurs guichets ; cela représente, non seulement une simplification pour les assurés, mais aussi un grand avantage pour la Caisse. Les fiches individuelles sont classées en deux rangées dans des casiers spéciaux ; chaque rangée comprend 3 casiers superposés, soit 9 casiers se touchant, aménagés à côté du guichet. Il y a encore en face de l'entrée principale 4 autres guichets, dont 3 pour la Caisse (un pour le trésorier principal et les deux autres pour les recettes et les paiements) et un 4e pour les déclarations, les réclamations et les renseignements. Le milieu du hall est garni de bancs et de pupitres.

Tout un côté latéral et une grande partie de la façade au premier étage du nouveau bâtiment de l'administration sont occupés par la clinique dentaire de la Caisse, inaugurée le 1er avril 1914 ; elle est installée de la façon la plus moderne et a donné d'excellents résultats. Au premier étage se trouvent également les locaux destinés au médecin-conseil et médecins de contrôle.

Prestations normales et prestations supplémentaires. — La Caisse accorde actuellement :

1. Comme secours de maladie :

1° Le traitement médical, la fourniture de médicaments, de remèdes thérapeutiques gratuits (pour ces derniers jusqu'à un maximum de 150 francs), de lait et d'autres fortifiants ;

2° Une indemnité de maladie pour chaque journée de travail lorsque la maladie entraîne une incapacité de travail, à partir du 3e jour, à savoir :

a) *Prestations normales* : indemnité de maladie, égale à la moitié du salaire de base pendant vingt-six semaines pour les membres tombant malades dans les vingt-six premières semaines de leur affiliation, ainsi que pour les assurés qui, étant sortis de la Caisse et étant tombés malades pendant la période de chômage, ont droit aux prestations normales ;

b) *Prestations supplémentaires* : indemnité de maladie, égale à 55 % du salaire de base pour une durée de vingt-six semaines ainsi que de 27 1/2 % pour une durée supplémentaire de vingt-six semaines pour les assurés ayant fait partie de la Caisse l'année précédente au moins pendant vingt-six semaines, ou d'une autre Caisse accordant également des prestations supplémentaires.

Pour les assurés occupés à titre temporaire, le taux de l'indemnité de maladie est calculé, non d'après le salaire de base, mais d'après le salaire local.

II. Comme secours aux femmes en couches :

1° Une indemnité pécuniaire égale à l'indemnité accordée en cas de maladie, pendant huit semaines, dont six au moins doivent être postérieures à l'accouchement ;

L'indemnité d'accouchement ne se cumule pas avec l'indemnité pécuniaire de maladie ; les semaines indemnisées après l'accouchement doivent se succéder sans interruption ;

2° Les soins d'une sage-femme et l'intervention obstétricale nécessaires en cas d'accouchement ;

3° Traitement médical en cas de complications pendant la grossesse ;

4° Une indemnité d'allaitement de 1 franc par jour, aussi longtemps que dure l'allaitement maternel, y compris les dimanches et jours fériés, jusqu'à l'expiration des douze premières semaines après l'accouchement.

III. Comme indemnité funéraire :

L'allocation, aux ayants droit d'une indemnité funéraire égale à vingt fois le montant du salaire de base et dans certains cas à trente fois ce montant.

IV. Comme secours de famille :

L'attribution aux membres de la famille (non assujettis à l'assurance) en tant qu'ils vivent dans le ménage de l'assuré et que celui-ci subvient de ses propres moyens à leur entretien entièrement ou pour la majeure partie:

1° En fait d'assistance médicale à des conjoints, aux propres enfants ainsi qu'à ceux d'un autre lit (et aux enfants adoptifs), que l'assuré entretient, s'ils n'ont pas dépassé 15 ans, et pour une durée maximum de 13 semaines ;

a) Le traitement médical gratuit, *y compris le traitement par des spécialistes et le traitement dentaire* ;

b) La fourniture gratuite d'articles de pansement, etc., ainsi que des subventions pour des appareils thérapeutiques jusqu'à concurrence de la somme qui peut être allouée aux assurés eux-mêmes.

c) En cas de traitement à l'hôpital ou dans une maison de santé pour l'épouse et pour les enfants âgés de plus de 10 ans une indemnité de 1 fr. 25 et pour les enfants jusqu'à l'âge de 10 ans de 0 fr. 60 pour chaque jour de traitement ;

CAISSE LOCALE GÉNÉRALE DE MALADES DE STRASBOURG-VILLE

COLONIE DE VACANCES GENSBOURG

d) Des cures de repos ou de convalescence pour les épouses et enfants dans des maisons de convalescence et colonies de vacances.

2° En fait de secours aux femmes en couches, les prestations suivantes :

a) Les soins d'une sage-femme et l'intervention obstétricale, nécessaires en cas d'accouchement ;

b) Le traitement médical en cas de grossesse compliquée ;

c) Une indemnité d'allaitement de 1 franc par jour, dimanches et jours de fêtes compris, pendant la durée de l'allaitement, jusqu'à la fin de la 12ᵉ semaine après l'accouchement.

3° Une indemnité funéraire à la mort d'un conjoint ou d'un enfant. Cette indemnité funéraire sera pour l'époux d'un tiers, pour un enfant âgé de 4 à 15 ans d'un quart et pour un enfant de six mois à 4 ans d'un huitième des indemnités funéraires accordées aux assurés, déduction faite du montant de l'indemnité funéraire, pour laquelle le défunt était lui-même assuré.

Le traitement médical est assuré par les médecins ayant adhéré au contrat collectif avec les syndicats des médecins et parmi lesquels les assurés ont le libre choix ; les assurés extra-muros, néanmoins, sont tenus de recourir aux médecins de leur circonscription.

Les assurés ont à leur disposition 80 médecins pour l'intérieur de la ville, parmi lesquels 36 spécialistes (8 pour les maladies du nez, de la gorge et des oreilles, 5 oculistes, 9 pour maladies de femmes, 10 pour maladies de la peau et maladies vénériennes, 4 pour maladies des nerfs) ; 33 médecins dans la banlieue, y compris Schiltigheim, Bischeim et Hönheim et 100 médecins dans les autres communes du Bas-Rhin.

Les traitements dentaires ont lieu exclusivement à la clinique dentaire de la Caisse pour le fonctionnement de laquelle sont engagés, outre le directeur, 5 médecins-dentistes, 5 techniciens pour les laboratoires, 1 surveillante, 1 employée de bureau, 6 assistantes, 1 garçon de clinique.

Les soins d'hôpitaux sont généralement donnés à l'hôpital civil de Strasbourg ; la Caisse a néanmoins également des contrats avec la maison de santé Sainte-Odile au Neudorf, la maison de santé israélite, la maison de santé des Diaconesses et la clinique des Assurances sociales, où les assurés malades sont, suivant leur désir ou sur avis du médecin traitant, également admis, aux frais de la Caisse.

Pour les cas dans lesquels un traitement à l'hôpital est indiqué mais impossible à exécuter ou s'il y a une raison majeure de laisser le malade chez lui ou dans sa famille, la Caisse, à la demande de l'assuré, peut faire donner les soins à domicile par des gardes-malades, pendant cette période l'indemnité de maladie accordée est réduite d'un quart.

En cas d'admission dans un hôpital, d'un assuré qui jusqu'à ce moment a entretenu sa famille avec les ressources provenant de son travail il est alloué à cette famille une indemnité égale aux trois quarts de l'indemnité de maladie ; les autres assurés jouissent d'un quart de l'indemnité de maladie.

En cas de traitements curatifs : si les conditions légales sont remplies après avis du médecin, d'accord avec l'Institut d'assurance sociale ou la Caisse d'assurance des employés, l'hospitalisation dans un sanatorium ou une maison de convalescence, etc., peut être ordonnée. La Caisse accorde, en outre, des séjours au sanatorium de Neuhof, propriété de la ville de Strasbourg. Dans certains cas, une partie des frais de prothèse dentaire sont accordés, tant par la Caisse que par l'Institut d'assurance sociale et la Caisse d'assurance des employés.

La Caisse a en outre créé une maison de repos, la « Pension Vieille Eglise » avec 32 lits, (ouverte toute l'année), et destinée à accorder des cures de repos à des épouses d'assurés et aux femmes assurées n'ayant pas droit à un traitement curatif. Les cures de repos pour les enfants se font dans la maison de convalescence de la Caisse au « Gensbourg » situé près du Nideck dans la vallée de la Hasel et où d'avril à octobre 6 groupes d'enfants (chaque fois 3 groupes de garçons et 3 de filles) sont envoyés aux frais de la Caisse pour une cure de 4 semaines et en hiver chaque fois 2 groupes d'enfants maladifs pour une durée de 8 à 10 semaines.

Pour terminer cet exposé il nous semble intéressant de donner les chiffres suivants qui montreront l'activité de la Caisse depuis sa création en 1885 jusqu'à 1921 inclusivement :

483.107 cas de maladie avec incapacité de travail ;
10.359.931 jours d'indemnité de maladie ;
8.441 cas de décès d'assurés ;
6.197 cas de décès avec indemnité funéraire à la famille des assurés.

Recettes totales (Cotisations, recettes de placement et diverses) .... fr. 57.185.204, 74
Dépenses totales (frais de soins de maladie, prestations en espèces, frais d'administration, etc) 51.705.362, 62
La fortune totale se montait à la fin de 1922 à 4.806.128, 75
Dont au fonds de réserve 3.720.359, 05

Il a été dépensé pour traitement curatif, etc., de 1898 à 1921 inclusivement, pour 6.369 cas de maladie et 321.096 jours de traitement la somme de 917.837 fr. 22 ; pour les soins dans le sanatorium du Neuhof de 1907 à 1921, pour 2.035 cas et 60.686 jours, la somme de 182.926 fr. 05.

V

Les caisses-maladie d'entreprises et de corporations

Historique — Les Caisses-maladie d'entreprises, plus spécialement celles de corporations, représentent la forme la plus ancienne de l'assurance-maladie telle qu'elle fonctionne dans notre région.

Le cadre restreint de cette brochure ne permet pas d'y incorporer d'étude complète sur l'origine et le développement de ces institutions. Cependant, à une époque où les détracteurs du grand projet de réforme sociale, basée sur nos assurances sociales en Alsace et en Lorraine, ont tenté de dénigrer ces dernières en les qualifiant d'institutions allemandes, il ne manque pas d'intérêt de faire ressortir que bien au contraire ce sont les lois d'assurances sociales allemandes, promulguées dans les années 1883 et suivantes, qui se sont fondées sur les expériences acquises par des Caisses créées par des industries alsaciennes longtemps avant la malheureuse guerre de 1870. Nous citerons comme exemple le plus frappant peut-être le fait que, dès le mois d'août 1783, une Caisse mutuelle de secours en cas de maladie et de décès fut créée par un accord entre les maîtres imprimeurs et leur personnel à Strasbourg. Cette Caisse dont le premier fonds fut constitué par des versements volontaires des patrons, fonctionne encore aujourd'hui.

Mais c'est surtout dans la grosse industrie du Haut-Rhin et du Bas-Rhin que, dès le début du siècle dernier, des caisses d'assurances en cas de maladie furent créées, grâce à l'esprit social et à la prévoyance du patronat. C'est ainsi que la Caisse de Secours des Usines Gros, Roman et Cie de Wesserling fut fondée dès 1825, celle des Manufactures Alsaciennes d'Outils-Zornhoff en 1835, celle des Manufactures Hartmann et fils à Munster en 1850, des Etablissements de Dietrich et Cie, à Niederbronn en 1856, celle de la maison J. André et Cie, à Masevaux en 1865, etc.

D'une enquête faite par la Société industrielle de Mulhouse en 1868 — c'est-à-dire 3 ans avant que le traité de Francfort arrachât nos départements à la mère-patrie —, enquête dont les résultats sont publiés dans la très intéressante brochure du docteur Giss sur *«Les Origines des Assurances Sociales en Alsace et Lorraine»* à laquelle nous empruntons ces chiffres, il ressort qu'à cette époque déjà 48 des 59 usines existant dans le seul département du Haut-Rhin avaient leur Caisse-maladie avec un effectif de 25.000 sociétaires assurés ; ceux-ci avaient déjà, ainsi que c'est le cas d'après les statuts de nos Caisses-maladie actuelles, droit aux soins médicaux et aux médicaments gratuits, à des indemnités journalières en cas d'incapacité de travail et à des secours d'égale importance aux femmes en couches, et enfin au paiement des frais funéraires. Ces caisses vivaient à la fois de cotisations des ouvriers et de subventions des patrons qui, dans presque tous les cas, prenaient entre autres à leur charge les honoraires du ou des médecins accrédités, ainsi que les frais de médicaments. En règle générale, ces usines avaient un ou plusieurs médecins engagés par contrat passé entre eux et le patron, mais il est intéressant de constater que certaines usines ont introduit déjà, avant la promulgation de la loi de 1883 instituant l'assurance obligatoire contre la maladie, le libre choix des médecins accordé depuis par la grande majorité de nos Caisses. Les dispositions de cette loi sont en partie la reproduction textuelle de paragraphes des statuts des Caisses-maladie d'entreprises alsaciennes. Cette conformité des textes, due à la collaboration des députés alsaciens à la préparation de ces lois par le « Reichstag », est bien faite pour prouver que ce n'est que par ignorance ou par mauvaise foi que d'aucuns ont essayé de faire passer nos organisations d'assurances sociales contre la maladie comme étant d'origine allemande.

Organisation et fonctionnement des Caisses-maladie d'entreprises et de Corporations. — Le prélèvement des cotisations dans les Caisses d'entreprises et de corporations se fait d'une manière analogue à celle employée par les Caisses locales, c'est-à-dire par le précompte patronal; comme dans les caisses locales la part de l'employeur est d'un tiers, celle des assurés de deux tiers des sommes versées ; celles-ci représentent un pourcentage des salaires qui est au maximum de 6 %, mais qui, en réalité est dans presque toutes les caisses professionnelles très sensiblement inférieur. Les prestations régulières statutaires sont les mêmes que dans les Caisses locales ; pour les prestations facultatives supplémentaires les mêmes latitudes que dans les Caisses locales sont laissées à l'initiative des dirigeants des Caisses d'industries et de corporations et il paraît superflu d'entrer dans plus de détails à ce sujet, étant donné que ces principes se trouvent exposés dans un chapitre précédent. Les seules différences qui peuvent exister entre l'économie des différents genres de caisses résident :

1° Dans l'importance des prestations supplémentaires ;

2° Dans le montant du pourcentage du salaire fixé pour le calcul des cotisations.

En ce qui concerne le premier point, le Code des assurances sociales prescrit l'équivalence des prestations des Caisses d'entreprises et de corporations avec celles des Caisses locales générales de leur arrondissement. Les Offices d'assurances ayant à statuer sur cette équivalence doivent, ainsi que la loi l'exige expressément, évaluer équitablement l'ensemble des prestations et il va sans dire que le montant des cotisations ne saurait rester en dehors des considérations à prendre pour cet examen. De tout ceci, ressort l'importance considérable du montant des cotisations.

Celui-ci est, et a toujours été, en règle générale inférieur au taux nécessaire dans les Caisses locales générales et cette infériorité a eu comme conséquence inévitable d'une part une certaine jalousie de la part des Caisses locales qui s'est manifestée par des campagnes contre le maintien des Caisses d'entreprises, et, d'autre part, le désir très vif de la part des industriels aussi bien que des assurés dans les Caisses d'entreprises, de conserver ces institutions à rendement favorable.

Dans l'idée des Caisses locales ce fonctionnement économique des Caisses d'entreprises résultait de ce que les assurés de ces dernières représentaient de meilleurs risques ; à la suite des examens d'embauchage dans les grandes industries, disaient-elles, un triage s'opère et de ce fait les industries disposent en règle générale d'ouvriers plus vigoureux et leur Caisse d'entreprise d'assurés plus robustes que la petite industrie, l'artisanat, le commerce, etc., dont le personnel compose les membres des Caisses locales. Cette manière de voir a dû être reconnue entre-temps comme erronée par les Caisses locales elles-mêmes, car, bien que les examens d'embauchage tendent de plus en plus à disparaitre, le rendement des Caisses d'entreprises n'a pas diminué. Pour quiconque est au courant de la question, cela n'a rien de surprenant. Si une certaine sélection à l'embauchage est incontestable, il ne faut pas oublier d'un autre côté que les risques du travail (qui ne sont pas supportés en entier par l'assurance contre les accidents, mais dont une grosse partie est à la charge des Caisses-maladie) de même que le danger des maladies professionnelles sont plus considérables dans la grosse industrie.

La raison du fonctionnement plus économique des Caisses d'entreprises doit donc être recherchée ailleurs. Dans un bref aperçu nous nous contenterons de signaler les plus marquantes :

1° Les frais généraux (locaux, personnel, etc.) sont dans les Caisses d'entreprises supportés entièrement par l'employeur, alors que dans les Caisses locales ils représentent plus de 10 % des dépenses totales des Caisses ;

2° Les Caisses d'entreprises sont gérées par des comités-directeurs mixtes à majorité ouvrière ; chaque partie de ce comité a un égal souci de leur bon fonctionnement, puisque celles-ci vivent des cotisations que leur versent aussi bien les employeurs que les assurés. Or le contact journalier et personnel entre les membres d'une même Caisse ainsi qu'entre ceux-ci et leur employeur et les gérants de la Caisse facilite la surveillance indispensable pour éviter des abus de la part d'assurés peu consciencieux.

Sans vouloir pousser plus loin l'étude de ces questions, il convient cependant de bien faire ressortir que ce ne sont pas uniquement des considérations d'ordre économique et pécuniaire que découle l'intérêt que portent aussi bien les employeurs que les ouvriers à leur Caisse d'entreprise ; c'est bien au contraire en première ligne du côté des assurés leur influence considérable dans la gestion de ces Caisses et du côté patronal la constatation souvent faite que les liens d'intérêts créés par les Caisses de maladie contribuent dans une large mesure à développer l'attachement réciproque entre employeurs et employés et ne peuvent de la sorte qu'être propices à la bonne harmonie qui, dans l'intérêt général bien compris, doit régner entre eux.

Importance des Caisses-maladie d'entreprises et de corporations. — Dans les trois départements du Bas, du Haut-Rhin et de la Moselle il existe 27 Caisses locales, 207 Caisses d'entreprises et 10 Caisses de corporations. Les Caisses locales assurent un ensemble d'environ 200.000 salariés, ce qui représente environ 12 % de la population ; les Caisses d'entreprises et de corporations des trois départements comptent environ 150.000 assurés ou 8,7 % du total des habitants. Sur toute la population de nos trois départements assujettie à l'assurance-maladie obligatoire, abstraction faite des 36.000 membres que comptent environ les Caisses-maladie des grandes administrations des postes et des chemins de fer, caisses qui représentent un groupe spécial ne pouvant être pris en considération ici, nous retrouvons donc qu'environ 42 % sont membres des Caisses d'entreprises et de corporations (dont plus de 41,5 % dans les Caisses de l'industrie). Ces chiffres montrent d'autant mieux le rôle important des Caisses d'entreprises et de corporations dans la vaste organisation de l'assurance contre la maladie dans notre région qu'il y a lieu de ne pas oublier que les assurés des Caisses d'entreprises et de corporations se trouvent en grande partie concentrés dans les grandes villes et agglomérations ouvrières tels que, pour ne donner que quelques exemples frappants, le bassin minier de la Moselle, la ville industrielle de Mulhouse et la région des potasses du Haut-Rhin, alors que ceux des Caisses locales se trouvent répandus plus généralement sur l'ensemble du territoire. C'est ainsi que dans le département de la Moselle, environ 62 % des assurés obligatoires sont membres des Caisses d'entreprises.

D'autres chiffres concernant les secours donnés par ce genre de Caisses démontreront mieux encore leur importance considérable :

Dans l'année 1920 les Caisses d'entreprises et de corporations ont accordé des traitements et secours dans plus de 72.000 cas de maladie, dont près de 32.000 dans le seul département de la Moselle. Ces chiffres représentent pour l'Alsace 25 %, pour la Moselle 20 %, soit au total 45 % de la totalité des cas de maladie, 160.000 environ, traités par l'ensemble des Caisses-maladie envisagées. Ce pourcentage, qui est légèrement supérieur à celui de 42 cité plus haut comme caractérisant la part d'assurés dans des Caisses d'entreprises et de corporations, est bien fait pour réfuter l'erreur mentionnée dans le précédent chapitre et qui consiste à considérer les membres des Caisses d'entreprises comme représentant des risques meilleurs que ceux des Caisses locales.

Les Caisses locales ont, dans l'année 1920 que nous avons pris comme base pour cette analyse, payé des secours pour environ 1.700.000 jours de maladie, dont 300.000 environ dans la Moselle ; pour les Caisses d'entreprises et de corporations la totalité des journées de maladie a été à peu près de 1.200.000 dont 450.000 dans le seul département de la Moselle. Les Caisses d'entreprises et de corporations ont donc à leur compte en tout 41,5 % des journées de maladie, chiffre qui correspond très exactement à leur participation proportionnelle à la totalité des assurés. Il est intéressant de retenir qu'en Moselle le nombre des journées de maladie pendant lesquelles les Caisses d'entreprises sont venues en aide, a été supérieur d'environ 50% au nombre correspondant dans les Caisses locales. En outre de la comparaison du chiffre total des journées de maladie et de celui des cas de maladie il résulte que le nombre moyen de journées par cas est un peu inférieur dans les Caisses d'entreprises et de corporations ; il faut y voir l'heureux résultat de la surveillance mutuelle qui dans ce genre de Caisses comme nous le disions plus haut, est plus facile et plus efficace que dans les Caisses générales, — et c'est là précisément l'une des principales raisons du bon rendement et de l'économie de ces Caisses.

Des indemnités funéraires ont été données :

Par les Caisses locales en Alsace dans .... 1.661 cas.
— en Moselle dans .... 368 cas.

et par les Caisses d'entreprises et de corporations :

En Alsace dans .... 659 cas.
En Moselle dans .... 1.015 cas.

La part de ces dernières Caisses a donc été de 45 % de la totalité d'environ 3.700 cas. Ce chiffre supérieur au pourcentage des assurés vient encore confirmer qu'il serait erroné de croire que les Caisses d'entreprises accaparent les assurés les plus résistants. D'autre part, la juxtaposition du nombre des cas de décès dans les Caisses d'entreprises et de celui dans les Caisses locales en Moselle — 1.015 contre 368 — démontre bien la grosse importance des Caisses d'entreprises dans ce département.

Enfin, citons comme derniers chiffres que sur environ 6.800 cas d'accouchement pour lesquels les secours pécuniaires ont été payés, 3.900 c'est-à-dire plus de 57 % sont à l'actif des Caisses d'entreprises et de corporations. La proportion plus élevée que dans les Caisses locales provient de ce que les ouvriers mariés recherchent de préférence des occupations stables dans la grande industrie, non seulement pour être le plus possible à l'abri des risques de chômage, mais aussi en raison des allocations familiales qu'accorde une très grande partie de ces maisons.

Associations de Caisses-maladie. — Le Code des Assurances Sociales prévoit le groupement des Caisses-maladie sous forme ou bien d'unions de Caisses à gestion commune, sous le contrôle étroit d'un Office d'assurance, contrôle qui s'exerce de la même façon et porte sur les mêmes questions que celui auquel chaque caisse est soumise individuellement, ou encore d'associations libres, maintenant l'autonomie absolue de chaque Caisse et ne poursuivant que le but de défendre des intérêts communs, par exemple par l'étude des problèmes préoccupant la généralité des Caisses, par l'élaboration de conventions et la passation de contrats dont toutefois l'application ne saurait être imposée à aucune des Caisses adhérentes, etc., et de faciliter ainsi la tâche aux gérants des Caisses affiliées.

Les grandes associations de caisses-maladie d'entreprises et de corporations existant dans nos départements et qui sont le « Syndicat des Caisses-maladie d'Entreprises et de Corporations du Bas et du Haut-Rhin et des Régions limitrophes » et « l'Association Lorraine des Caisses de maladie d'Entreprises minières et industrielles », sont les deux, — comme d'ailleurs aussi « l'Union des Caisses locales » — constitués selon cette dernière modalité qui leur donne une forme plus maniable que l'Union des Caisses à gestion commune.

VI

Le Syndicat des Caisses-maladie d'entreprises et de corporations du Bas et du Haut-Rhin et des Régions limitrophes

Historique et but. — Le « Syndicat des Caisses-maladie d'Entreprises et de Corporations du Bas et du Haut-Rhin et des régions limitrophes » a été créé au printemps 1920 à Strasbourg. Il est issu d'un groupement de Caisses de Strasbourg et des environs immédiats qui s'étaient réunies un an auparavant pour la défense de leurs intérêts dans l'élaboration de nouveaux contrats médicaux devenus nécessaires après la guerre par suite des profonds changements économiques et aussi par suite de l'introduction à peu près générale dans toutes les Caisses-maladie du libre choix des médecins. Les expériences faites au sein de cette association au champ d'action bien limité parurent assez appréciables pour déterminer son bureau à envisager une extension plus considérable de son rayon d'activité, extension non seulement géographique mais aussi extension au point de vue des questions à étudier. C'est ainsi que les statuts du Syndicat délimitent comme suit ses buts et ses moyens d'action :

Le syndicat a pour objet de sauvegarder et de favoriser les intérêts communs des Caisses-maladie participantes, en particulier :

De réaliser par des rapports continus une entente entre toutes les Caisses-maladie d'entreprises et de corporations et de prendre en commun les mesures nécessaires pour la conservation, le développement et la prospérité des Caisses-maladie d'entreprises et de corporations ;

De répandre au dehors et de porter à la connaissance des autorités administratives et des corps législatifs les desiderata et les conceptions des Caisses-maladie, qui visent au maintien et au développement des assurances sociales en général et de s'efforcer notamment d'obtenir par des pétitions et des requêtes adressées aux autorités et par l'action de représentants reconnus par l'Office général des assurances sociales d'Alsace et de Lorraine, que la législation prenne en due considération, tenant compte de leur importance, le point de vue que défendent les dites Caisses ;

De donner une forme satisfaisante aux rapports des Caisses-maladie avec les médecins, les pharmaciens, les hôpitaux et les maisons de santé et de fournir par une action commune, aux Caisses-maladie les meilleures conditions possibles pour les contrats avec les médecins, les pharmaciens et autres fournisseurs, ainsi que pour l'achat en commun de divers articles de première nécessité ;

De renseigner l'opinion publique sur ses buts ;

De favoriser l'application uniforme des dispositions légales et d'échanger entre les Caisses-maladie les expériences administratives qu'enseigne la pratique ;

Pour atteindre ces buts, le Syndicat recherchera surtout à agir par interventions et propositions auprès des administrations et des corps législatifs pour essayer d'empêcher que le développement ultérieur des lois des assurances sociales ne mette en péril l'existence et le fonctionnement des Caisses-maladie d'entreprises et de corporations ;

A défendre autant que possible les intérêts des Caisses-maladie d'entreprises et de corporations vis-à-vis des autorités administratives, de l'assistance publique et des autres autorités et corporations ainsi que vis-à-vis des autres institutions d'assurance ;

A donner des conseils et à fournir des renseignements en ce qui concerne l'assurance-maladie en particulier et l'assurance ouvrière en général (questions de médecins, de pharmaciens, d'administration et de droit, etc.) et à échanger les expériences pratiques acquises par les Caisses-maladie ;

A créer, en collaboration éventuelle avec d'autres associations, des organisations pour la surveillance en commun des malades et pour le contrôle des prescriptions médicales ;

A s'efforcer de perfectionner les moyens d'éviter les maladies, par la diffusion des connaissances prophylactiques, par l'introduction raisonnée de mesures et de prescriptions hygiéniques, par la collaboration à l'amélioration de l'hygiène publique locale ;

A conclure des ententes pour la défense des intérêts communs avec des caisses-maladie étrangères au Syndicat ou d'autres associations.

Le syndicat a été aux yeux de ses fondateurs dès la première heure une organisation de lutte : lutte contre les revendications qui purent paraître exagérées de la part d'hôpitaux, de maisons de santé, d'établissements de bains, des associations de médecins, de pharmaciens, de dentistes, etc., lutte pour le maintien des Caisses d'entreprises et de corporations qui, à un moment donné, semblaient menacées d'un côté par les tendances d'absorption des Caisses locales et d'un autre côté par la législation projetée en vue de l'introduction de l'assurance sociale obligatoire dans l'ensemble de la France, lutte enfin pour la réalisation de l'amélioration du fonctionnement des Caisses et de l'extension de leurs prestations, c'est-à-dire pour le développement du bien-être des assurés par l'introduction de secours statutaires supplémentaires (traitement familial, aide aux femmes en couches et aux nourrissons, etc.) et par la guerre aux grands fléaux sociaux (tuberculose, taudis, mortalité infantile, alcoolisme, etc.).

Aujourd'hui, trois ans seulement après sa création, le syndicat peut enregistrer des résultats notoires parmi lesquels nous nous bornerons à signaler ces deux faits : que non seulement des conventions à peu près satisfaisantes ont pu être passées avec les principales organisations avec lesquelles les Caisses-maladie sont en rapports, mais aussi qu'une entente cordiale qui n'a cessé de porter les meilleurs fruits s'est établie entre l'Union des Caisses locales et lui.

Aussi les encouragements ne lui ont-ils pas été ménagés ni de la part des autorités et particulièrement des administrations chargées de la surveillance des assurances sociales, ni de celle des Caisses d'entreprises et de corporations elles-mêmes, plus directement intéressées, qui, en venant en grand nombre s'affilier au syndicat, lui ont donné la preuve la plus éclatante de leur confiance : la petite association qui en 1920, ne réunissait qu'une quinzaine de Caisses avec environ 15.000 assurés, est devenue entre-temps un puissant syndicat qui compte 93 Caisses d'entreprises et 4 Caisses de corporations et représente un total de 57.500 assurés environ.

LISTE DES CAISSES
affiliées au
Syndicat des Caisses-maladie d'entreprises et de corporations du Bas et du Haut-Rhin et des Régions limitrophes

Nº	Nom de l'entreprise	Localité	Nombre moyen des assurés en 1922
	A. Caisses-maladie d'entreprises du Bas-Rhin		
1	Filature de laine peignée S. p. a.	Erstein.	1.040
2	Société Alsacienne de Constructions Mécaniques.	Graffenstaden.	2.515
3	Filature et Tissage de Huttenheim-Benfeld.	Huttenheim-Benfeld.	710
4	Tanneries de France.	Lingolsheim.	1.703
5	Etablissements Immer-Klein, ci-devant Bach et Bloch.	Benfeld.	(centrale à Colmar)
6	Etablissements de Dietrich et Cie.	Niederbronn.	312
7	Etablissements de Dietrich et Cie.	Mertzwiller.	388
8	Etablissements de Dietrich et Cie.	Zinswiller.	328
9	Etablissements de Dietrich et Cie.	Reichshoffen.	1.614
10	Société Alsacienne de Filature et de Tissage de jute.	Bischwiller.	1.257
11	Société Anonyme des Papeteries du Bas-Rhin.	Schweighouse.	393
12	Fabrique de Poteries et Réfractaires S. A. R. L.	Soufflenheim.	73
13	G. et P. Muller.	Mullerhof-Urmatt.	356
14	Les Fabriques Réunies, anciennement Brossard et Cie.	Schirmeck.	70
15	Jacquel Frédéric.	Dinsheim.	349
16	Jacquel Frédéric.	Natzwiller.	349
17	Etablissements E. Marchal et Cie.	Rothau.	252
18	Gédéon Marchal fils.	La Claquette.	686
19	Steinheil Dieterlen, S. A.	Rothau.	519
20	Fabrique d'Outils Mutzig-Framont.	Mutzig.	285
21	Tissage Camille Glaszmann.	Barembach.	170
22	Claude Frères.	Wildersbach.	310
23	Manufacture Hartmann et Fils.	Marckolsheim.	150
24	Filature de Coton du Val-de-Villé.	Villé.	954
25	Compagnie des Tramways Strasbourgeois, 1, rue de Bouxwiller.	Strasbourg.	1.276
26	Forges de Strasbourg, 25, boulevard Wilson.	Strasbourg.	1.231
27	Gaz de Strasbourg.	Strasbourg.	339

Nº	Nom de l'entreprise	Localité	Nombre moyen des assurés en 1922
28	Herrenschmidt et Cie.	Strasbourg.	155
29	Imprimerie Strasbourgeoise, 15, rue des Juifs.	Strasbourg.	294
30	Imprimerie Alsacienne.	Strasbourg.	346
31	Etablissements Schneider-Jaquet et Cie.	Strasbourg-Kœnigshoffen.	483
32	Victor Haehl et Cie.	Strasbourg-Robertsau.	136
33	Papeteries de la Robertsau.	Strasbourg-Robertsau.	387
34	Etablissements Ungemach.	Schiltigheim.	765
35	Caisse de Malades de Pechelbronn.	Pechelbronn.	2.483
36	Administration des Mines de Bouxwiller.	Bouxwiller.	90
37	Manufacture Alsacienne d'Outils-Zornhoff.	Zornhoff près Saverne.	990
38	Usine Kuhn Frères.	Saverne.	345
39	Fabrique Octave de Langenhagen.	Sarre-Union.	139

B. Caisses-maladie de corporations du Bas-Rhin

Nº	Nom de l'entreprise	Localité	Nombre moyen des assurés en 1922
1	Corporation des Boulangers.	Strasbourg.	365
2	Corporation des Coiffeurs.	Strasbourg.	497
3	Corporation des Bouchers.	Strasbourg.	606
4	Syndicat des hôteliers, restaurateurs et débitants de la ville de Strasbourg et environs.	Strasbourg.	1.793

C. Caisses-maladie d'entreprises du Haut-Rhin

Nº	Nom de l'entreprise	Localité	Nombre moyen des assurés en 1922
1	Paul Lang et Cie.	Hirsingue.	500
2	Tissage Schlumberger-Steiner et Cie.	Roppentzwiller.	617
3	Eugène Ab-der-Halden et Gysin.	Colmar.	196
4	L. Borocco et Cie.	Colmar.	323
5	Teinturerie Colmarienne.	Colmar.	125
6	Société Alsacienne des Etablissements J. et F. Gensbourger.	Colmar.	483
7	Etablissements Ernest Hartmann.	Colmar.	498
8	A. Kiener et Cie, Tissage mécanique de laine.	Colmar.	1.940
9	Filature de Colmar.	Colmar.	216
10	Etablissements Immer-Klein.	Colmar.	340
11	Scheurer frères.	Logelbach.	175

N°	Nom de l'entreprise	Domicile	Nombre moyen des assurés en 1922
12	Manufactures Hartmann et fils.	Munster.	1.410
13	Etablissements Haussmann.	Logelbach.	856
14	Etablissements Herzog.	Logelbach.	1.824
15	Jean Kiener fils.	Gunsbach	533
16	Union Rubanière ci-devant de Bary Mérian et fils.	Guebwiller.	457
17	Filature de Guebwiller.	Guebwiller.	210
18	F. et Th. Frey.	Guebwiller.	517
19	F. et Th. Frey, Etablissements F. W.	Guebwiller.	490
20	Construction de machines ci-devant F. J. Grun.	Guebwiller.	209
21	Nouvelle Société de Constructions ci-devant, N. Schlumberger et Cie.	Guebwiller.	1.073
22	Union Textile.	Guebwiller.	624
23	Etablissements Marin-Astruc.	Buhl.	743
24	Manufacture de Buhl, ci-dev. E. Rogelet.	Buhl.	2.001
25	Fabrique Sautier et Cie.	Ensisheim.	235
26	Union Textile.	Issenheim.	274
27	Filature et Tissage d'Issenheim.	Issenheim.	228
28	Latscha et Cie.	Jungholtz.	356
29	Baumann Aîné et Cie.	Soultz.	549
30	Manufacture Alsacienne de Broches, ci-devant les fils d'Edouard Latscha	Soultz.	274
31	Filature et Tissage de Soultzmatt.	Soultzmatt.	356
32	Société Industrielle pour la Schappe, Filature de Soultzmatt.	Soultzmatt.	243
33	Fonderie Haren frères.	Wintzenheim.	73
34	Engel et Cie.	Mulhouse.	538
35	Frey et Cie.	Mulhouse.	665
36	Gluck et Cie. S. A.	Mulhouse.	788
37	Gustave Roos et Cie, entrepreneur.	Mulhouse.	58
38	Hofer et Cie.	Ribeauvillé.	190
39	Ch. Steiner.	Ribeauvillé.	295
40	Tissage Charles Mieg et Cie.	Hachimette-Lapoutroie.	88
41	Jean Kiener fils.	Kaysersberg.	320
42	S. A. Victor Weibel	Kayserberg.	359
43	X. Muller-Fichter.	Thann.	135
44	Ateliers de Construction de	Bitschwiller.	741
45	Isidore André et Cie.	Masevaux.	316
46	Isidore André et Cie.	Kirchberg.	114
47	Berger-André et Cie.	Lauw.	213
48	Victor Erhard.	Masevaux.	88

N°	Nom de l'entreprise	Domicile	Nombre moyen des assurés en 1922
49	Gros, Roman et Cie.	Wesserling.	2.273
50	Kullmann et Cie.	Wildenstein.	141
51	Filature et Tissage Kœchlin.	Willer.	354
52	Groupe Minier Amélie.	Wittelsheim.	2.152
53	Mines Reichsland et Anna.	Wittenheim.	903
54	Mines Théodore et Prince Eugène.	Wittenheim.	690

Total :

Bas-Rhin : 39 caisses d'entreprises
4 » de corporations, ensembl. env. 27.503 assurés
Haut-Rhin : 54 » d'entreprises » » 30.369 »

97 caisses **57.872 assurés.**

VII

L'Association lorraine des Caisses de maladie des entreprises minières et industrielles

L'association Lorraine des Caisses-maladie des entreprises minières et industrielles groupe, avec toutes les Caisses de maladies des Mines et Usines métallurgiques de la région lorraine, les Caisses d'industries diverses, telles que cimenteries, verreries, etc.

Elle ne poursuit pas d'autre but que de coordonner les efforts de ses adhérents en vue de faciliter leur tâche et leur gestion et si elle est amenée à leur donner fréquemment quelques directives, elle n'exerce sur aucun d'eux une autorité telle qu'on puisse lui reprocher de leur enlever une partie de leur autonomie et par conséquent de leur responsabilité.

Elle a manifesté son activité jusqu'ici en s'occupant surtout des questions d'intérêt général. C'est ainsi qu'elle a été amenée à étudier, dans le détail, le grave problème de l'extension des assurances sociales obligatoires à l'ensemble du territoire français et à prendre une large part aux discussions nombreuses soulevées par le nouveau projet de loi gouvernemental.

Fidèle gardienne des intérêts et des droits de ses adhérents, elle a tenu à affirmer la nécessité d'établir la réforme des assurances sociales sur la base des institutions déjà existantes et qui avaient fait leurs preuves.

Elle se fit donc l'interprète de la volonté unanime des Caisses d'entreprises, décidées à revendiquer leurs droits à l'existence en raison de l'importance du rôle qui leur est dévolu dans l'organisation locale.

Travaillant en parfaite communauté d'idées avec ses collègues d'Alsace, l'Association Lorraine des Caisses de maladie entreprit donc, en faveur des Assurances sociales, une véritable propagande dont l'une des principales manifestations allait être sa participation active au Congrès d'hygiène qui se tint à Strasbourg à l'occasion de la réception de la Mutualité française.

Il est juste de dire d'ailleurs que ses efforts ont été partiellement couronnés de succès puisque tout récemment le rapport du docteur Grinda apportait aux Caisses d'entreprises quelques apaisements sur l'importance de la place qu'elles sont appelées à tenir dans l'organisation future des Assurances sociales, d'après le nouveau projet de loi.

On est forcé de reconnaître cependant qu'il ne s'agit là encore que de satisfactions bien insuffisantes et ce serait mal connaître les Caisses d'entreprises que de les croire disposées à abdiquer.

Conscientes des services considérables qu'elles ont rendus, persuadées qu'elles réalisent, en matière d'assurance-maladie une conception dont le succès a été clairement mis en évidence par une longue expérience, soutenues par l'idée qu'elles ont été les véritables précurseurs, elles continueront, par la voie de leur groupement, à se faire entendre.

Sans revenir sur le rôle de la Caisse de maladie d'entreprise, en tant que simple Caisse d'assurance-maladie, nous croyons qu'il n'est pas inutile d'attirer l'attention du public sur les heureux effets de sa collaboration, soit avec les industriels eux-mêmes, soit avec des Sociétés de bienfaisance.

Disposant d'importants moyens d'action, les Caisses de maladie d'entreprises ont réussi, dans certaines régions, à exercer un rôle important en matière de prophylaxie et d'œuvres sociales. C'est ainsi qu'on peut les voir, en Lorraine, travailler en liaison étroite avec les hôpitaux que les Sociétés industrielles ont créés pour leur personnel.

Nous citerons pour mémoire, l'hôpital d'Algrange, l'hôpital de la Société houillère de Sarre et Moselle, l'hôpital de Petite-Roselle, l'hôpital d'Hayange, d'Audun-le-Tiche, etc.

Enfin, les groupements de Caisses de maladie sont appelés à prendre, dans l'avenir, une situation encore plus importante puisque si le projet de loi sur les assurances sociales est voté, c'est à eux qu'il doit appartenir d'établir la liaison entre l'assurance-maladie, l'assurance-invalidité et l'assurance-vieillesse. Une telle combinaison, de prime abord, peut paraître ingénieuse, mais est-il utile de répéter que c'est surtout dans le maintien des prérogatives et le respect de l'autonomie de nos institutions actuelles que le législateur trouvera le seul moyen de réaliser pratiquement, à peu de frais, et avec un bon rendement la réforme qu'il projette.

LISTE DES CAISSES

affiliées à

l'Association Lorraine des Caisses de maladie des entreprises minières et industrielles

Nos	Noms des Caisses de malades	Domicile	Nombre d'assurés au 31 déc. 1921
1	Forges de Moyeuvre.	Moyeuvre.	3.972
2	Mines de Moyeuvre.	Moyeuvre.	612
3	Forges de Hayange.	Hayange.	6.866
4	Mines de Hayange.	Hayange.	828
5	Forges et Aciéries de Hagondange.	Hagondange.	4.867
6	Mine Haut-Pont.	Pontoy.	209
7	Mine Sainte-Barbe.	Algrange.	286
8	Société Lorraine et Métallurgique des Hauts Fourneaux de Thionville et de la division des Mines de fer d'Angevillers.	Algrange.	1.006
9	Mines et Hauts Fourneaux d'Audun-le-Tiche.	Audun-le-Tiche.	803
10	Mine de Hettange-Grande.	Hettange-Grande.	480
11	Mine Mont-Rouge.	Audun-le-Tiche.	390
12	Mines Ida, Bouvenberg, Lorraine.	Moyeuvre.	579
13	Hauts Fourneaux d'Uckange.	Uckange.	615
14	Société des Mines de fer de Rochonvillers.	Algrange.	224
15	Mine Langenberg.	Volmerange.	93
16	Société Métallurgique de Knutange.	Nilvange.	3.799
17	Mines d'Aumetz.	Aumetz.	688
18	Mine de Boulange.	Boulange.	312
19	Mine Ida et Amélie.	Aumetz.	21
20	Société Lorraine des Aciéries de Rombas.	Rombas.	5.236
21	Mines Lorraines des Aciéries de Burbach, Esch, Dudelange.	Algrange.	750
22	Mines et Usines de Redange.	Redange.	439
23	Mine de Fontoy.	Knutange.	391
24	Hauts Fourneaux d'Ottange et Mine Ottange I.	Ottange.	785
25	Houillères de Petite-Roselle.	Petite-Rosselle.	11.910
26	Société Houillère de Sarre et Moselle.	Carling.	9.457
27	Société des Mines de la Houve.	Creutzwald.	3.751
28	Usine de Châtel-St-Germain.	Châtel-St-Germain.	95

Nos	Noms des Caisses de malades	Domicile	Nombre d'assurés au 31 déc. 1921
29	Etablissements Delattre et Frouard réunis.	Boutonville.	286
30	Société Anonyme des Ciments Portland, usine de Distroff.	Distroff.	181
31	Société Anonyme des Ciments Portland, usine de Héming.	Héming.	245
32	Société Anonyme des Ciments Portland de Rombas.	Rombas.	201
33	Société des Chaux et Ciments de A. R. L.	Metzervisse.	59
34	Verreries de Trois-Fontaines.	Trois-Fontaines.	546
35	Usines de Bellevue.	Bellevue.	146
36	Salines et fabriques de Dieuze.	Dieuze.	223
37	Tuileries Léon Couturier.	Forbach.	405
38	Compagnie du Gaz de Metz.	Montigny-les-Metz.	162
39	Etablissements Eugène Lévêque.	Sarrebourg.	170
	Total......		62.088

NOMBRE
des Personnes affiliées aux différentes caisses de l'Assurance-maladie

1922

Genre de Caisses	Département du Bas-Rhin	Département du Haut-Rhin	Département de la Moselle	Total
		Hommes		
Caisses locales	60.753	41.972	31.033	133.758
Caisses d'entreprises .	47.769	38.239	65.273	151.281
Caisses de corporations	1.882	578	387	2.847
Total...	110.404	80.789	96.693	287.886
		Femmes		
Caisses locales	37.755	19.085	12.264	69.104
Caisses d'entreprises .	7.412	31.728	4.191	43.331
Caisses de corporations	1.385	179	143	1.707
Total...	46.552	50.992	16.598	114.142
Total général......	**156.956**	**131.781**	**113.291**	**402.028**

CHAPITRE IV

L'ASSURANCE DES INVALIDES ET DES SURVIVANTS

A. Institut d'assurance sociale d'Alsace et de Lorraine Invalidité-vieillesse

Introduction. — Au nombre des plus importantes mesures de prévoyance sociale figurent celles qui intéressent la lutte contre l'invalidité ainsi que l'amélioration du sort de ceux à qui la vieillesse empêche de poursuivre leur labeur quotidien.

Malgré l'effort considérable accompli par les différentes œuvres prophylactiques, en raison du nombre sans cesse croissant de la population des villes, la contagion tuberculeuse, vénérienne et aussi l'alcoolisme creusent dans la foule des travailleurs des vides plus considérables que jamais, la question de l'assistance sociale sous toutes ses formes et particulièrement au point de vue de l'invalidité et des secours aux survivants devient un problème vital qui doit de plus en plus retenir notre attention.

Fonctionnement— Cette œuvre d'assurance sociale est accomplie en Alsace et Lorraine par l'Institut d'assurance sociale invalidité-vieillesse créé spécialement pour l'assurance des invalides, des vieillards et des survivants régie par le livre IV du Code des Assurances sociales du 19 juillet 1911.

Organisation. — L'Institut est administré :

1° par un Comité directeur,

2° par une Délégation.

Comité directeur. — La gestion des affaires de l'Institut est confiée à trois fonctionnaires de l'Etat et à des membres non fonctionnaires : deux représentants des employeurs et deux des assurés nommés par la délégation.

Délégation. — La délégation se compose de représentants des employeurs et des assujettis nommés dans les offices d'assurance par les délégués des employeurs et des assurés.

INSTITUT D'ASSURANCE SOCIALE D'ALSACE ET DE LORRAINE

INVALIDITÉ-VIEILLESSE

A STRASBOURG

Services. — Les affaires sont traitées par différentes sections savoir :

1° l'enregistrement,

2° la section du contrôle,

3° la section des cartes,

4° la section des rentes,

5° la section du traitement curatif,

6° la section des finances.

Etendue de l'assurance. — Le but que se propose l'assurance est d'abord de venir en aide aux salariés lorsqu'ils ne peuvent plus travailler et de prévenir la maladie par l'emploi de tous les moyens dont dispose la science hygiénique et prophylactique.

Deux catégories d'assurés ont été prévues par la loi, les assurés obligatoires et les assurés volontaires.

Assurance obligatoire. — Sont assujettis à l'assurance, à partir de l'âge de 16 ans accomplis :

1° Les ouvriers, aides, compagnons, apprentis, domestiques s'ils sont occupés moyennant rémunération *quels que soient leurs salaires* ;

2° Les employés d'exploitation, contremaîtres et autres employés, s'ils ne gagnent pas annuellement plus de 5.400 fr. ;

3° Les commis et apprentis de commerce, les aides et élèves en pharmacie, s'ils n'ont pas plus de 5.400 fr. de salaire ;

4° Les membres d'une troupe de théâtre ou d'un orchestre si leur traitement ne dépasse pas 5.400 fr ;

5° Les professeurs et les précepteurs, si leur traitement n'est pas supérieur à 5.400 fr.

La loi oblige toutes ces personnes à s'assurer ; c'est d'ailleurs leur intérêt évident car s'il en était autrement elles pourraient en cas d'invalidité se trouver dans l'alternative de recourir à l'assistance publique ou de tomber dans la misère qui brise et anéantit toutes les énergies. D'ailleurs l'assistance publique ne pourrait que se borner à des secours ou gratifications ou à l'hospitalisation qui annihile toute liberté individuelle.

Dispense de l'assurance obligatoire. — Des cas de dispense de l'obligation à l'assurance sont prévus par la loi, ils concernent :

1° Les personnes travaillant moyennant salaire, mais seulement d'une manière passagère ;

2° Les personnes n'ayant d'autre rémunération que l'entretien gratuit ;

3° Les fonctionnaires employés au service de l'État ou de ses établissements, les employés des communes, mais à la condition qu'ils aient droit à une retraite au moins équivalente à la rente d'invalidité ainsi qu'à une rente pour leur veuve ou leurs orphelins.

La dispense de l'assurance est encore accordée, sur demande préalable, aux personnes qui dans le courant d'une année ne se livrent à un travail salarié qu'à des époques déterminées (douze semaines ou cinquante jours au plus) et qui pour le reste du temps pourvoient elles-mêmes à leur subsistance.

Assurance facultative. — Nous avons montré que les personnes salariées étaient soumises à l'assurance obligatoire. Dans certains cas cependant leur dépendance comme travailleurs n'est qu'apparente. Lorsque cette dépendance est douteuse la loi permet l'assurance facultative.

La faculté de s'assurer au titre de l'assurance personnelle est accordée :

1° aux employés d'exploitation, contremaîtres et autres employés occupant une situation de même importance, lorsque le revenu annuel provenant de leur travail dépasse 5.400 fr. et n'excède pas 8.000 fr. ;

2° aux commis et apprentis ainsi qu'aux aides et élèves en pharmacie, si leurs appointements sont supérieurs à 5.400 fr. mais ne dépassent pas 8.000 fr. ;

3° aux membres d'une troupe de théâtre ou d'un orchestre gagnant plus de 5.400 fr. et moins de 8.000 fr. ;

4° aux professeurs et précepteurs, s'ils n'ont pas plus de 8.000 fr. de traitement ;

5° aux petits industriels, s'ils n'emploient pas plus de deux ouvriers soumis à l'assurance.

Toutes ces personnes peuvent prendre part à l'assurance facultative si elles n'ont pas dépassé l'âge de 40 ans.

Le droit de s'assurer est en outre donné :

6° aux personnes qui n'ont d'autre rémunération que l'entretien gratuit. D'après la loi ces personnes sont exemptes de l'obligation à l'assurance, mais comme on peut admettre qu'elles seront un jour assujetties obligatoirement il leur est permis de s'assurer facultativement, à condition toutefois qu'elles n'aient pas atteint l'âge de 40 ans ;

INSTITUT D'ASSURANCE SOCIALE D'ALSACE ET DE LORRAINE

INVALIDITÉ-VIEILLESSE

SANATORIUM DE SAALES

7° aux ouvriers ne travaillant que temporairement et qui par conséquent ne sont pas obligés de s'assurer, avant leur 40e année.

Assurance continuée. — La loi permet à toute personne qui a été soumise à l'assurance obligatoire et qui devient au point de vue économique indépendante, de continuer son assurance afin de sauvegarder ses droits, c'est le cas d'un ouvrier qui s'installe à son compte.

D'autre part cette même faculté est accordée à tout assuré volontaire qui ne remplit plus les conditions requises pour l'assurance facultative, c'est le cas d'un contremaître qui arrive à gagner plus de 8.000 frs.

Constitution des ressources. — Nous venons de voir les diverses catégories de personnes soumises à l'assurance. Comment se procure-t-on les ressources nécessaires? Les ressources sont fournies par l'État, les patrons et les assurés.

Allocations de l'Etat. — L'État contribue par un versement annuel de 62 fr. 50 aux rentes d'invalidité ou de veuve et par un versement de 31 fr. 25 aux rentes d'orphelins, payées effectivement chaque année. Quant aux secours pécuniaires de veuves, il fournit une allocation unique de 62 fr. 50 et de 20 fr. 80 pour chaque secours d'orphelins.

Cotisations. — Les patrons et les assurés versent à parts égales, pour chaque semaine de travail assujetti à l'assurance, des cotisations graduées d'après cinq classes de salaires.

La participation des salariés ne pouvait être évitée pour des raisons financières, elle a en outre une importance morale considérable. L'assuré sera fier de pouvoir dire que par son travail il a contribué à assurer sa propre existence et celle des siens ; d'un autre côté il est impossible d'exiger qu'il supporte à lui seul toutes les charges de l'assurance. L'employeur qui a besoin du concours de l'assuré, a par conséquent un intérêt tout particulier à son bien-être. Ce dernier est donc obligé de supporter la moitié des cotisations, mesure qui ne s'applique naturellement qu'à l'assurance obligatoire.

Pour l'assurance facultative l'assuré est tenu de verser seul les cotisations, ce qui est du reste très juste, car il se trouve dans une situation de fortune un peu plus privilégiée. Par contre, les personnes dispensées de l'assurance obligatoire parce que leur travail n'est rémunéré que par l'entretien gratuit ou parce qu'elles ne travaillent qu'à titre passager, et qui néanmoins veulent user du droit d'assurance que leur confère la loi, peuvent exiger de leur patron la moitié de la cotisation, lorsqu'elles se soumettent à l'assurance volontaire.

Montant des cotisations. — Le chiffre de la cotisation se calcule d'après le montant du salaire annuel. Les assurés sont répartis dans cinq classes différentes de salaires. Le salaire ne se calcule pas d'après le revenu réel, mais d'après une moyenne qu'on est convenu d'appeler « salaire de base ». Ce salaire de base correspond à la moyenne de salaire quotidien de différentes classes fixée par l'administration compétente.

Ce salaire de base multiplié par 300 donne le salaire dont il doit être tenu compte pour la détermination de la classe. Pour les assurés qui ne sont pas membres des Caisses maladie la classe de salaire est fixée, en prenant le salaire local, c'est-à-dire la rémunération qu'on paye habituellement à un journalier, et en le multipliant par 300.

Ire	classe de salaire : les assurés gagnant par an jusqu'à . .	1.800 fr.
IIe	» » » » »	1.800 à 2.700 »
IIIe	» » » » »	2.700 à 3.600 »
IVe	» » » » »	3.600 à 4.500 »
Ve	» » » » »	4.500 fr. et plus.

Le montant des cotisations pour la	Ire	classe est par semaine de	0 fr. 80
» » »	IIe	» » »	1 » 20
» » »	IIIe	» » »	1 » 60
» » »	IVe	» » »	2 » 00
» » »	Ve	» » »	2 » 40

Versement des cotisations. — Les cotisations sont fournies par le patron et le salarié. Généralement le patron avance toute la cotisation mais elle peut aussi être versée par le salarié. En cas de maladie ou de service militaire, on n'exige pas de cotisations ; ce temps est néanmoins porté en compte comme semaines de la IIe classe de salaire.

Paiement des cotisations par le patron. — Le patron est responsable de la cotisation totale, la loi d'ailleurs l'astreint à la payer. Par contre il peut en retenir à l'assuré la moitié lors du paiement de son salaire ; cette retenue pourra être faite au plus tard à l'occasion du paiement suivant. La cotisation doit toujours être versée lors du paiement du salaire et pour la durée de l'occupation. Si le règlement des salaires n'a pas eu lieu les timbres devront être collés au plus tard lorsque l'occupation prendra fin.

En ce qui concerne un assuré occupé par divers employeurs, le montant total de la cotisation doit être payé par celui qui l'a occupé le premier pendant la semaine, à partir du lundi, la semaine de cotisa-

INSTITUT D'ASSURANCE SOCIALE D'ALSACE ET DE LORRAINE

INVALIDITÉ-VIEILLESSE

SANATORIUM DE SCHIRMECK

tion commençant le lundi d'après le C. A. S. Si cet employeur ne paye pas, les autres sont solidairement responsables ; le même cas de responsabilité existe lorsque l'assuré est occupé simultanément au service de plusieurs employeurs à des travaux soumis à l'assurance. Au cas où la durée du travail effectif ne peut être exactement déterminée, le montant de la cotisation se calcule au prorata du travail.

Paiement des cotisations par le salarié. — L'assuré a également le droit de payer le montant total des cotisations, le patron est tenu de lui en rembourser la moitié. Le droit au remboursement n'existe pour l'assuré que si les timbres ont été régulièrement oblitérés. Ce droit toutefois doit être exercé au plus tard lors du deuxième paiement, sauf toutefois dans le cas où le versement de cotisations valables, accompli en retard, ne provient pas d'une faute de l'assuré.

Les assurés volontaires versent eux-mêmes les cotisations.

Timbres de cotisation. — Le paiement des cotisations s'effectue au moyen de timbres que l'on colle sur une carte-quittance et qui représentent la valeur de la cotisation d'une des cinq classes de salaires. L'Institut d'assurance émet ces timbres qui portent l'indication de la classe du salaire ainsi que celle de leur valeur. Il y a des timbres d'une semaine, de deux et de treize semaines et en outre des timbres supplémentaires de 1 fr. 25. Les timbres doivent être oblitérés après avoir été apposés sur la carte-quittance. La date du dernier jour de la période pour laquelle le timbre est collé doit être indiquée comme jour de l'oblitération. Les timbres de l'Institut d'assurance sociale invalidité-vieillesse sont vendus dans tous les bureaux de poste d'Alsace et de Lorraine à leur valeur nominale.

Cartes-quittances. Forme des cartes. — La carte-quittance indique l'année et le jour de l'émission, elle porte mention des différentes prescriptions sur l'oblitération des timbres, de la défense d'y faire figurer d'autres indications que celles autorisées par la loi, etc. Pour l'assurance obligatoire ou l'assurance continuée la carte est jaune et pour l'assurance volontaire, grise ; elle est établie en vue de permettre d'y apposer au moins 52 timbres de cotisation. En tête elle doit porter le nom de l'établissement d'assurance, celui de l'assuré, son domicile et sa profession.

Délivrance des cartes-quittances. — L'assuré est tenu de se faire délivrer la carte-quittance et de la présenter à l'employeur en temps utile en vue de l'apposition des timbres. La délivrance des cartes est en général effectuée par les mairies ; toutefois, en ce qui concerne les villes de Strasbourg, Metz et Mulhouse, celle-ci a lieu par les soins des bureaux de police. Les cartes sont délivrées également par l'Institut d'assurance sociale invalidité-vieillesse, et ses contrôleurs locaux.

Échange des cartes-quittances. — La carte doit être échangée dans les deux années qui suivent le jour de sa délivrance. Les bureaux d'émission effectuent, lorsqu'on leur remet la carte, le calcul des semaines de cotisation pour chacune des classes de salaire et indiquent en même temps la durée des services militaires certifiés et des maladies dûment constatées, qui tombent dans la période pour laquelle la carte est valable et qui entrent en compte comme cotisations. Une attestation indiquant le nombre de cotisations ainsi décomptées est remise à l'intéressé.

Renouvellement des cartes-quittances. — Les cartes-quittances perdues, devenues inutilisables ou détruites sont remplacées par de nouvelles cartes. Les cotisations dont le paiement peut-être établi font l'objet d'une transcription certifiée.

Prestations. — L'assurance avons-nous dit a pour but de procurer des ressources aux assurés pendant les périodes d'incapacité de travail ou, lorsqu'ils sont âgés.

Ce but est atteint de la manière suivante :

Les demandes d'obtention de rentes sont adressées en principe aux Offices d'assurance; toutefois les mairies s'en chargent également. La date de la demande est d'une grande importance, notamment au point de vue de la procédure d'attribution (date du versement de la rente, prescription, etc).

Conditions générales des prestations. — Pour l'obtention d'une rente la première des conditions est que le droit à la rente ne soit pas éteint. Ce droit est conservé si l'assuré verse pendant une période de deux ans, à compter du jour de la délivrance mentionné sur la carte-quittance, au moins 20 cotisations hebdomadaires, en vertu de l'assurance obligatoire ou de l'assurance continuée ; les périodes de service militaire et de maladie entrent en ligne de compte. Dans le cas de l'assurance personnelle et de sa continuation, le maintien du droit à la rente est subordonné au payement de quarante cotisations au moins pendant le délai de deux ans; 20 suffisent cependant si l'assuré, à raison de l'assurance obligatoire, a payé auparavant plus de 60 semaines de cotisation. Il est facile à un assuré de conserver ses droits à la rente; il peut, en effet, verser ses cotisations pendant deux ans après leur échéance. Les cotisations volontaires ne peuvent pas être versées, après coup, pour plus

Développement du dépôt des cartes-quittances à l'Institut d'assurance sociale durant les différentes années

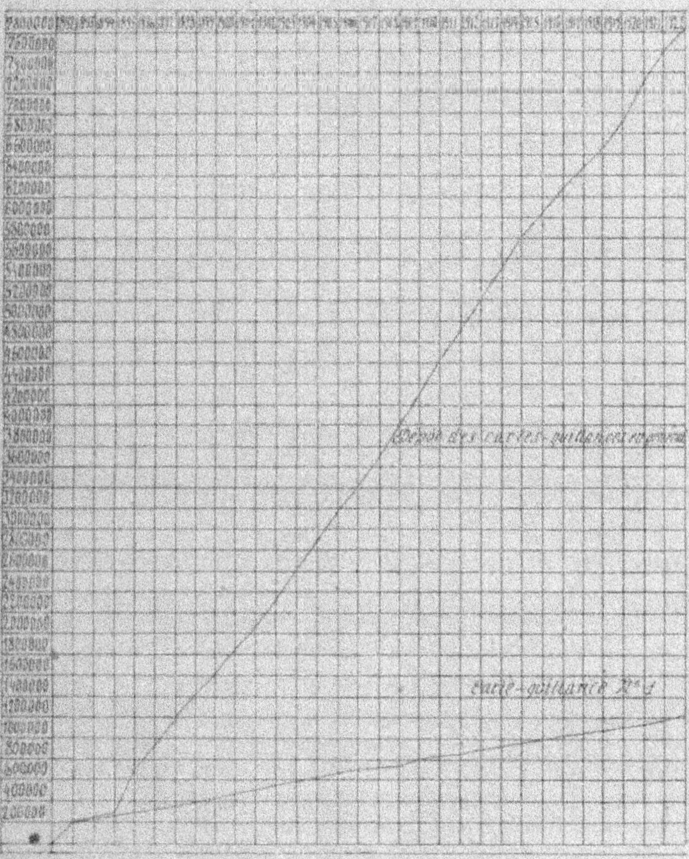

un an, par d'exemple : un secrétaire est payé par trimestre, comme les cotisations sont échues lorsqu'il touche son traitement, le 1er juillet 1923, on devra verser toutes les cotisations dues depuis le 1er avril jusqu'au 1er juillet. Le délai de deux ans court donc à partir du 1er juillet 1923 jusqu'au 1er juillet 1925. L'employé pourrait donc encore acquitter ses cotisations de 13 semaines, le 1er juillet 1925. Si l'assuré touche son salaire à la fin de la semaine, le délai de deux ans court à partir du jour où il touche sa paye. Un ouvrier qui touche son salaire le 14 mai 1923 doit donc avoir versé ses cotisations avant le 14 mai 1925. S'il les verse plus tard, comme il a dépassé le délai de deux ans, son droit est éteint.

Toutefois par application du § 1283 du C. A. S. ce droit peut renaître sous certaines conditions.

Nature des prestations. — Les différentes prestations de l'assurance sont :

1° la rente d'invalidité,
2° la rente de vieillesse,
3° la rente de veuve,
4° la rente d'orphelins,
5° la rente de veuf,
6° les secours pécuniaires aux veuves,
7° les secours pécuniaires aux orphelins,
8° le traitement curatif.

Rente d'invalidité. — *Conditions*. — La rente d'invalidité est accordée lorsque l'assuré, par suite de maladie ou infirmités, est atteint d'invalidité permanente sous réserve toutefois qu'il ait accompli une certaine période préparatoire. L'invalidité est déterminée sur les bases suivantes : la personne qui n'est plus en état de gagner, par un travail approprié à ses forces et à ses aptitudes, le tiers de ce que des personnes de sa condition, saines de corps et d'esprit, ayant reçu une instruction analogue et occupées dans la même région, gagnent d'ordinaire par leur travail, doit être considérée comme remplissant les conditions d'invalidité. Enfin, l'invalidité est considérée comme permanente, si une amélioration de cette incapacité de travail ne paraît pas devoir être obtenue. La rente d'invalidité est aussi accordée à l'assuré qui n'est pas atteint d'invalidité permanente, mais qui a été atteint d'invalidité pendant 26 semaines consécutives ou qui se trouve invalide à l'expiration des secours pécuniaires de maladie. Il reçoit la rente pour la durée ultérieure de son invalidité. L'invalidité étant établie, il reste à examiner si la période préparatoire est accomplie, c'est-à-dire, si cent cotisations au moins ont été versées, en deux cents semaines de cotisation au profit de l'assuré du chef de l'assurance obligatoire, ou cinq cents semaines dans les autres cas.

INSTITUT D'ASSURANCE SOCIALE D'ALSACE ET DE LORRAINE

INVALIDITÉ-VIEILLESSE

Accroissement des valeurs de rentes en général depuis 1900

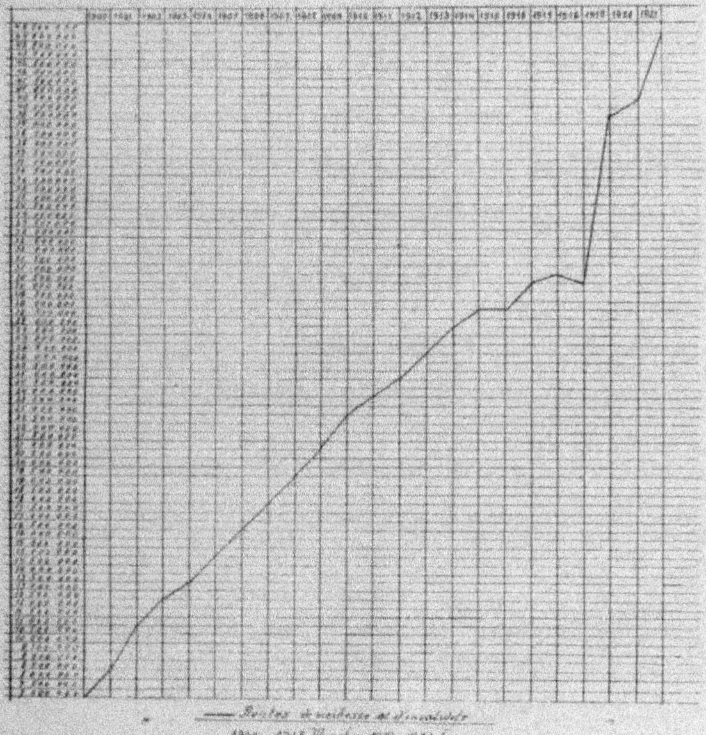

Les cotisations de l'assurance volontaire ne sont comptées pour la période préparatoire à la rente d'invalidité, que si cent cotisations au moins ont été versées, soit en vertu de l'assurance personnelle, soit en vertu de l'assurance obligatoire

Calcul. — La rente d'invalidité se compose :

1° *d'un subside de l'Etat* de 62 fr. 50 par an ;

2° *d'une somme de base.* Cette somme de base est toujours calculée sur cinq cents semaines de cotisation. S'il est justifié de moins, il est porté en compte pour les semaines qui manquent, des cotisations de la première classe de salaires, s'il y en a plus, il n'y a lieu de compter que les cotisations des classes de salaires les plus élevées. On compte pour chaque semaine de cotisation :

dans la classe	I de salaires	......fr.	0 54
—	II	—	0 58
—	III	—	0 62
—	IV	—	0 66
—	V	—	0 70

3° *De majorations.* Elles s'élèvent pour chaque semaine de cotisation à :

dans la classe	I de salaires	........fr.	0 10
—	II	—	0 16
—	III	—	0 24
—	IV	—	0 32
—	V	—	0 40

4° *D'une augmentation d'un dixième de la rente* pour chaque enfant de moins de 15 ans.

Exemple : Un assuré ayant versé 600 cotisations (environ 10 ans) de la Ve classe, qui tombe invalide, a droit à une rente mensuelle de 54 fr. 40 qui se compose comme suit :

1° 62 fr. 50 subside de l'Etat,
2° 350 fr. » somme de base (500 × 70),
3° 240 fr. » majoration (600 × 40),

652 fr. 50 de rente annuelle.

Rente de vieillesse. — *Conditions.* — Tout assuré âgé de 65 ans accomplis, même s'il n'est pas invalide, a droit à une rente de vieillesse. La période préparatoire est de 1.200 semaines, soit 23 années de versements. Le nombre des cotisations nécessaires peut donc être atteint assez facilement. Dans certains cas cependant, cette période préparatoire de 1.200 semaines est réduite.

INSTITUT D'ASSURANCE SOCIALE D'ALSACE ET DE LORRAINE

INVALIDITÉ-VIEILLESSE

Somme des rentes d'invalidité accordées dans les différentes années depuis la fondation de l'Institut

Échelle 1 cm - 500 000 Marks (1892-1917)

Échelle 1 cm - 500 000 francs (1918-1922)

Calcul. — La rente de vieillesse se compose :

1° *du subside de l'Etat* de 62 fr. 50 ;

2° *d'une somme fixe.*

Cette somme fixe est pour :

la classe	I	de salaires de	276 fr.	par an.
—	II	—	324 fr.	—
—	III	—	384 fr.	—
—	IV	—	432 fr.	—
—	V	—	492 fr.	—

Quand il y a des cotisations de différentes catégories de salaires on prend la moyenne. S'il est établi qu'il y a plus de 1.200 semaines de cotisations, il n'est pas tenu compte de celles qui dépassent ce chiffre.

Exemple : Il est établi qu'il a été versé :

49	cotisations de classe	I,
150	—	II,
190	—	III,
82	—	IV,
729	—	V.

La rente se calcule comme suit :

49	cotisations	Ire classe	multiplié par	276 fr.	=	13.524
150	—	IIe	—	324 fr.	=	48.600
190	—	IIIe	—	384 fr.	=	72.960
82	—	IVe	—	432 fr.	=	35.424
729	—	Ve	—	492 fr.	=	358.668
1.200						529.176

529.176 : 1.200 = 440 fr. 98
+ 62 fr. 50 subside d'Etat.
503 fr. 48 au total.

Cette somme est arrondie à 504 fr. de sorte que le montant mensuel s'élève à 42 fr.

Rente de veuve. — *Conditions.* — La première condition indispensable pour l'allocation est que la période préparatoire prescrite pour l'obtention d'une rente d'invalidité ait été remplie par le défunt.

Ensuite, il faut que la veuve soit considérée comme invalide, c'est-à-dire qu'elle ne soit plus en état de gagner, par un travail approprié à ses forces et à ses aptitudes le tiers de ce que des personnes de sa condition, saines de corps et d'esprit, et occupées dans la même région, gagnent d'ordinaire par leur travail.

INSTITUT D'ASSURANCE SOCIALE D'ALSACE ET DE LORRAINE

INVALIDITÉ-VIEILLESSE

Somme des rentes de vieillesse accordées dans les différentes années depuis la fondation de l'Institut

Echelle 1cm = 20000 Marks (1892 1917)

Echelle 1cm = 20000 francs (1918 1922)

La veuve qui, sans être atteinte d'invalidité permanente, a été invalide pendant vingt-six semaines ininterrompues, ou qui se trouve invalide à l'expiration des secours pécuniaires de maladie, a également droit, pour la période ultérieure de son invalidité, à une rente de veuve.

Calcul. — La rente de veuve se compose :

1° *du subside de l'Etat* de 62 fr. 50 ;

2° *de trois dixièmes de la somme de base et des majorations de la rente d'invalidité* que recevait au moment de sa mort ou qu'aurait reçues en cas d'invalidité le conjoint décédé.

Rente d'orphelins. — La rente de survivants qui est attribuée le plus fréquemment est celle d'orphelins.

Conditions. — 1° La rente des orphelins est versée au décès d'un père assuré, à ses enfants, légitimes ou reconnus, âgés de moins de 15 ans. Au décès d'une assurée, aux enfants de moins de 15 ans qui n'ont plus de père. Les enfants illégitimes sont assimilés à ceux qui n'ont plus de père. Les assurés défunts devront cependant avoir accompli la période préparatoire à la rente d'invalidité.

2° La rente d'orphelins est aussi allouée à la mort de la mère assurée aux enfants légitimes âgés de moins de 15 ans, mais seulement s'ils se trouvent dans le besoin, lorsque le père n'est plus capable de gagner sa vie et que la mère subvenait entièrement ou en partie à l'entretien de la famille.

3° Les enfants légitimes âgés de moins de 15 ans ont droit à la rente d'orphelins aussi longtemps qu'ils se trouvent dans le besoin, si leur mère assurée est morte et que le mari a quitté son domicile sans motif légal valable et s'est soustrait à l'obligation d'entretenir ses enfants.

4° Les petits-enfants de moins de 15 ans à l'entretien desquels l'assuré subvenait entièrement ou en partie, ont droit également à la rente d'orphelins.

Calcul. — La rente se compose :

1° *du subside de l'Etat* de 31 fr. 25 ;

2° *de trois vingtièmes de la somme de base et des majorations de la rente d'invalidité* que l'assuré touchait à l'époque de sa mort ou qu'il aurait touchées s'il avait été atteint d'invalidité.

Rente de veuf. — *Conditions.* — Le mari incapable de travailler et à l'entretien duquel la femme subvenait entièrement ou en partie reçoit la rente de veuf après la mort de sa femme assurée, mais seulement aussi longtemps qu'il se trouve dans le besoin. Toutefois, il ne peut prétendre

INSTITUT D'ASSURANCE SOCIALE D'ALSACE ET DE LORRAINE

INVALIDITÉ-VIEILLESSE

SANATORIUM D'AUBURE

à cette rente que si sa femme avait maintenu ses droits et accompli la période préparatoire.

Calcul. — La rente se compose :

1° *d'un subside de l'Etat* de 62 fr. 50 ;

2° *de trois dixièmes des majorations et de la somme de base de la rente d'invalidité*, que la mère touchait ou aurait touchée si elle avait été atteinte d'invalidité.

Secours pécuniaire aux veuves. — *Conditions.* — Pour pouvoir bénéficier de ce secours, il faut que le mari défunt et sa veuve aient conservé leurs droits à la rente d'invalidité en accomplissant la période préparatoire. Le secours aux veuves doit être considéré comme équivalent à la perte de la rente de veuve. En effet la veuve d'un assuré a acquis du chef de sa propre assurance un droit à une rente d'invalidité, en outre dès qu'elle est atteinte d'invalidité elle a droit à la rente de veuve du chef de l'assurance de son mari défunt. Si les deux rentes se trouvent simultanément réunies, la moins élevée est suspendue. Pour indemniser alors la veuve de la perte de la rente de veuve qui est la moins élevée, on lui sert un secours pécuniaire de veuve.

Calcul. — Le secours de veuve représente douze fois le chiffre mensuel de la rente de veuve.

Secours pécuniaire aux orphelins. — *Conditions.* — Il faut que les parents assurés aient conservé leurs droits et accompli la période préparatoire. Ce qui s'applique aux secours pécuniaires des veuves est aussi par analogie applicable aux secours pécuniaires des orphelins. Les enfants légitimes d'un père assuré qui est décédé ont droit, s'ils n'ont pas encore 15 ans, à la rente d'orphelins. Si la veuve de son côté est assurée, les enfants légitimes âgés de moins de 15 ans, auraient donc, à la mort de leur mère assurée, également droit à une rente d'orphelins du chef de l'assurance de leur mère. Comme dans ce cas les deux rentes seraient réunies, il faudrait suspendre la moins élevée et l'orphelin ne retirerait aucun avantage de l'assurance de chacun de ses parents. On verse alors dans ce cas comme dédommagement, après les 15 ans accomplis, le secours pécuniaire des orphelins.

Calcul. — Le secours pécuniaire aux orphelins est égal à huit fois la rente mensuelle d'orphelin.

Traitement curatif. — *Nature des prestations.* — En outre des prestations obligatoires (rente d'invalidité, vieillesse, etc.) l'Institut d'assurance peut, dans les limites de ses moyens budgétaires, accorder des prestations facultatives telles que le traitement curatif. L'assuré n'a donc pas un droit formel à ces prestations. L'Institut peut en effet, selon qu'il le juge opportun, les accorder ou les refuser.

But. — Le traitement curatif a pour but de prévenir ou d'écarter l'invalidité d'un assuré ou de sa veuve. Il complète par là l'œuvre des caisses de malades. Des traitements sont donc institués d'une part pour les assurés ou veuves d'assurés qui travaillent encore, mais qui sont menacés d'invalidité ; d'autre part pour les titulaires de rentes d'invalidité, de veuf ou de veuve auxquels le traitement serait susceptible de rendre la capacité de travail.

Il y a là non seulement un remarquable effort au point de vue sanitaire et philanthropique, mais encore un bel acte de prévoyance sociale. En effet, en procurant au malade, souvent le seul soutien de sa nombreuse famille, les moyens de conserver ou de recouvrer la santé, on accomplit un acte des plus utilitaires.

Objet. — Les traitements curatifs entrepris par l'Institut présentent un caractère fort divers selon la nature des maladies à combattre. Dans la majeure partie des cas, le traitement consiste à admettre les malades aux frais de l'Institut, dans des sanatoria, hôpitaux, stations thermales. De plus, l'Institut prend part aux frais d'achat de prothèses dentaires et autres, membres artificiels, appareils de soutien, corsets orthopédiques, etc.

Au premier rang des préoccupations de l'Institut se place la lutte contre la tuberculose. Deux sanatoria dont il est propriétaire sont affectés spécialement à ce but :

Aubure, près Ribauvillé, avec 140 lits, est réservé aux femmes tuberculeuses. Cet établissement, situé à une altitude de 800 mètres au milieu de vastes forêts de sapins, pourra après agrandissements hospitaliser 200 à 240 malades.

Le sanatorium de *Saales* (vallée de la Bruche), tout aussi favorablement situé à une altitude de 620 mètres, est réservé aux hommes. Il dispose de 150 lits.

En outre l'Institut d'assurance possède le sanatorium de *Schirmeck* (vallée de la Bruche) pour convalescents et prétuberculeux des deux sexes et enfin le château de *Charleville* (Moselle) récemment acquis, dont l'affectation définitive n'est pas encore fixée.

Le service hospitalier des sanatoria de l'Institut est assuré notamment par des infirmières de l'Association des Dames de France.

En dehors de ces sanatoria l'Institut envoie des malades notamment aux établissements suivants :

Clinique des Assurances sociales (chirurgie et maladies internes) Strasbourg.

INSTITUT D'ASSURANCE SOCIALE D'ALSACE ET DE LORRAINE
INVALIDITÉ-VIEILLESSE

Dépenses de traitement curatif en général pendant les différentes années

Sanatorium départemental (tuberculose) d'Abreschwiller,
Hôpital-sanatorium Saint-François (tuberculose) à la Robertsau,
Maison de convalescence de Luppach (convalescents),
Pension Vieille Eglise à *Hohwald* (convalescents),
Sanatorium de Labroque (affections nerveuses),
Bains de Morsbronn (rhumatismes),
Bains de Besançon-la-Mouillère (rhumatismes),
Bains de Niederbronn (affections de l'appareil digestif).

Conditions. — Pour obtenir l'admission dans un sanatorium l'assuré doit en principe justifier de 100 cotisations valables. Des exceptions sont cependant faites pour les jeunes gens (50 cotisations) et en général dans la mesure des places et fonds disponibles.

La durée des traitements est fixée en principe de 12 à 15 semaines pour les tuberculeux, 6 à 8 pour les autres malades. Les frais de voyage et autres sont également supportés par l'Institut. En outre, il est allouée pour la durée du traitement un secours aux membres de la famille dont le malade était le soutien.

Importance. — En 1922 à peu près 7.300 malades ont été soumis à des traitements.

Le budget de 1923 prévoit dans ce but un crédit de 3.475.000 francs.

Activité de prévoyance sociale. — La tâche de l'Institut d'Assurance sociale n'est pas limitée au paiement de rentes et au traitement curatif.

Il considère de son devoir de combattre d'une manière plus générale les maux qui menacent la classe ouvrière.

La loi autorise et donne les moyens à l'Institut d'assurer cette tâche dans ces termes :

« L'établissement d'assurance peut, avec le consentement de l'autorité de surveillance, consacrer certaines sommes pour favoriser ou faire appliquer des mesures générales en vue d'éviter l'invalidité prématurée des assurés ou en vue d'améliorer l'état sanitaire de la population assujettie à l'assurance. »

L'Institut d'assurance participe à toutes les entreprises qui ont pour but d'améliorer l'état sanitaire des ouvriers et principalement de combattre les ravages occasionnés par la tuberculose.

A cet effet, l'Institut s'intéresse activement à la vaste propagande d'éducation populaire ainsi qu'à l'organisation de mesures préven-

INSTITUT D'ASSURANCE SOCIALE D'ALSACE ET DE LORRAINE
INVALIDITÉ-VIEILLESSE

Dépenses de traitement curatif occasionnées par la lutte contre la tuberculose

Année	Dépenses
1892	
1893	
1894	
1895	
1896	
1897	929
1898	3473
1899	21175
1900	30190
1901	66173
1902	84129
1903	105047
1904	167255
1905	218594
1906	283587
1907	323776
1908	356956
1909	454698
1910	506594
1911	620604
1912	718521
1913	739127
1914	491380
1915	346137
1916	401205
1917	383074
1918	499277
1919	333552
1920	928000
1921	1157986
1922	1316 623

Echelle 1 cm. 100.000 Marks (1897 - 1918)
Echelle 1 cm. 100.000 francs (1919 - 1922)

tives. Dans cet ordre d'idées il faut ranger spécialement les importantes subventions qu'il accorde aux dispensaires antituberculeux dans lesquels le public reçoit des avertissements, des conseils et l'aide nécessaire. Les dispensaires ont surtout pour mission d'empêcher la contagion et la propagation de la tuberculose, en faisant surveiller par des infirmières visiteuses les foyers de contagion et en soignant les individus déjà atteints. Il existe actuellement en Alsace et Lorraine 28 dispensaires antituberculeux, tous subventionnés par l'Institut.

L'Institut subventionne en outre par des versements importants les œuvres ayant pour but la protection des nourrissons et des enfants, telles que colonies de vacances, sanatoria infantiles, bains salins, établissements d'orthopédie, orphelinats, etc.

Il participe à la lutte contre les maladies vénériennes, le cancer, l'alcoolisme, en aidant toute entreprise qui contribue à circonscrire le champ d'action de ces terribles maladies.

Son aide financière est assurée aux sociétés d'habitations à bon marché, de jardins ouvriers et, dans la mesure de ses moyens, à toutes les œuvres de prévoyance sociale qui se créent dans la région.

En s'associant ainsi à toutes les entreprises philanthropiques, l'Institut, sans perdre de vue son rôle principal qui est d'attribuer des rentes, poursuit le grand but d'aider par tous les moyens à relever l'état sanitaire de la classe ouvrière.

B. Les caisses minières

Législation et statuts. — La loi des mines du 16 décembre 1873 pour l'Alsace et la Lorraine impose l'affiliation obligatoire de tout le personnel *ouvrier* des mines et établissements annexés visés par la loi à une Caisse minière de secours, la faculté étant laissée aux exploitants soit de constituer une Caisse spéciale et indépendante pour ce personnel, soit de s'affilier à une Caisse déjà existante.

Le personnel *employé* des mines peut être facultativement affilié à la Caisse minière.

Toutes les autres exploitations rattachées aux mines (hauts fourneaux salines, exploitations de minerai de fer en surface, carrières souterraines ou à ciel ouvert) ont la faculté de faire partie de la Caisse.

Les détails d'organisation et de fonctionnement des Caisses minières sont réglées pour chacune d'elles par des statuts qui doivent être approuvés par l'administration des Mines (§ 145 de la loi de 1873). Celle-ci est d'ailleurs investie d'une façon permanente du contrôle des Caisses minières et c'est à elle que doivent être adressées les plaintes contre l'administration de ces Caisses.

Aux termes du § 147 de la loi minière les statuts des Caisses doivent garantir aux assurés les allocations suivantes :

1° Secours médicaux et pécuniaires en cas de maladie ;

2° Frais funéraires ;

3° Pension viagère d'invalidité en cas d'incapacité de travail ;

4° Pension aux veuves leur vie durant ou jusqu'au remariage et secours aux orphelins jusqu'à l'âge de 14 ans.

En pratique les secours médicaux et pécuniaires en cas de maladie sont pris en charge par les Caisses de maladie d'exploitation qui fonctionnent dans les exploitations minières.

L'assurance à la Caisse minière de secours est d'ailleurs indépendante de l'assurance-invalidité prévue par le Code des Assurances sociales, ces deux assurances fonctionnant séparément et pouvant se cumuler.

Dans ces conditions, l'ouvrier mineur bénéficie en Alsace et en Lorraine d'une double assurance-invalidité en raison des risques plus étendus résultant de la nature de son travail professionnel.

Il existe actuellement en Lorraine 7 Caisses privées et une Caisse minière régionale :

I. — *Caisses privées :*

1° *Caisse Minière de Petite-Rosselle* (Houillères de MM. les Petits-fils de Fr. de Wendel).

2° *Caisse Minière des Mines de Hayange et de Moyeuvre* (Mines et établissements métallurgiques de MM. de Wendel).

3° *Caisse Minière de Creutzwald* (Mines de la Houve).

4° *Caisse Minière de Carling* (Mines de Sarre et Moselle).

5° *Caisse Minière d'Hettange-Grande* (Mines Charles-Ferdinand, Ida, Lorraine et Ste-Barbe).

6° *Caisse Minière d'Angevillers* (Mine d'Angevillers).

7° *Caisse Minière de Burbach* (Mine Burbach).

II. — *Caisse Minière régionale :*

Caisse minière de secours d'Alsace et de Lorraine à Metz.

Elle englobe toutes les exploitations minières d'Alsace et de Lorraine qui ne sont pas rattachées à l'une des Caisses privées énumérées ci-dessus.

Administration des Caisses. — L'administration des Caisses minières est assurée par l'Assemblée générale, le Comité directeur et les Anciens.

L'Assemblée générale est constituée par la réunion des représentants légaux des différentes exploitations affiliées à la Caisse et par les représentants des ouvriers ou *Anciens*. Les propositions soumises à l'Assemblée générale ne deviennent exécutoires que lorsqu'elles ont été votées par les deux parties.

Le *Comité directeur* administre la Caisse et la représente civilement et juridiquement. — Il est élu par l'Assemblée générale dans son sein et comprend en nombre égal des représentants patronaux et des anciens. La présidence est confiée à un représentant patronal.

Aucun représentant de l'Etat ne fait partie du Comité.

Les Anciens sont des représentants des assurés élus par eux pour une période déterminée. Ils ont comme attributions :

1° De défendre les droits des assurés et de servir d'intermédiaire entre eux et le Comité directeur ;

2° De représenter les assurés aux Assemblées générales ;

3° De constituer par moitié le Comité directeur.

Organisation et fonctionnement des Caisses. — Les détails d'organisation et de fonctionnement des Caisses sont réglés par des statuts spéciaux à chaque Caisse. Toutefois ceux-ci ne diffèrent en général que par quelques détails, les méthodes générales de fonctionnement étant à peu près identiques. Les voici dans leurs grandes lignes.

Admission des membres. Sont obligatoirement affiliés à la Caisse minière les ouvriers de toutes nationalités âgés de plus de 16 ans et de moins de 45 ans qui sont exempts d'infirmités pouvant entraîner une incapacité de travail prématurée, et dont la durée d'occupation dans une des exploitations rattachées à la Caisse excède une semaine.

Taxe de rappel. Tout assuré qui cesse d'être affilié à la Caisse est astreint au payement d'une taxe de rappel de 0 fr. 50 par mois pour maintenir le bénéfice de ses droits acquis.

Classes. Les assurés sont généralement répartis suivant leur salaire en différentes classes. Toutefois, dans certaines Caisses minières il n'existe qu'une seule classe de salaire.

Taxe d'entrée et cotisations. Tous les assurés nouveaux payent une taxe d'entrée variable suivant les Caisses.

Les cotisations sont prélevées mensuellement, la part patronale étant égale à celle de l'assuré. Elles sont variables suivant les classes de salaires et suivant les Caisses. A l'heure actuelle elles ne dépassent pas 5 francs par mois pour chacune des deux parties.

Dans certaines Caisses, les statuts prévoient qu'après 40 années de services il n'est plus prélevé de cotisations.

Prestations des Caisses. — Nous avons vu plus haut quelles sont les prestations des Caisses.

La pension d'invalidité est accordée aux assurés ayant cotisé pendant 3 ans au moins et qui sont frappés d'une incapacité de travail de plus de 26 semaines. C'est en effet à partir de ce moment que cessent les secours accordés par la Caisse de maladie.

Le montant de la rente est déterminé par des barèmes spéciaux qui sont différents suivant les Caisses. Dans tous les cas il est toujours proportionnel au nombre d'années de cotisation à la Caisse ainsi qu'à la classe de l'assuré, mais il est absolument indépendant de l'âge de l'assuré à l'époque des versements et de son âge au moment de la liquidation de sa pension.

La rente accordée aux veuves des *membres actifs* ou des *invalides* décédés est une fraction de la rente d'invalide acquise par le conjoint décédé. Elle est généralement égale aux 5/10 et 6/10 de celle-ci.

En cas de remariage des veuves certains statuts prévoient qu'il est payé une indemnité forfaitaire égale au triple de la rente annuelle.

Les secours aux orphelins sont uniformes et sont payables jusqu'à l'âge de 14 ans accomplis.

Organisation financière. — Aucun règlement n'est prévu par la loi de 1873 pour l'organisation financière des Caisses minières et il n'existe pas en fait d'obligation légale de constitution de réserves.

Le système financier qui a été adopté par toutes les Caisses est celui de la *répartition*, tempéré par la constitution d'un *fonds de réserve*.

Ce fonds de réserve n'est en réalité qu'un fonds de secours destiné à atténuer les inconvénients du système de la répartition pure et simple, mais n'est pas comparable au fonds de réserve qui aurait été la conséquence de l'application rigoureuse du principe financier de la capitalisation

Au début du système les charges d'une Caisse minière sont minimes, car le nombre des pensionnés est faible et les rentes sont peu élevées, étant donné que les assurés n'ont effectué qu'un nombre minime de versements.

Dans ces conditions, l'excédent des recettes sur les dépenses est important et alimente un fonds de réserve, dont les intérêts viennent parallèlement aux cotisations, augmenter les ressources de la Caisse.

Le chiffre des cotisations doit donc être calculé de telle façon que, lorsque la Caisse aura atteint le *régime permanent* (c'est-à-dire lorsque le chiffre des dépenses aura cessé de croître), les intérêts du fonds de réserve augmentés des cotisations des assurés soient alors suffisants pour faire face aux charges totales de la Caisse.

Cette organisation a ainsi théoriquement une puissance suffisante pour constituer une garantie sérieuse du fonctionnement de l'assurance, tout en évitant les inconvénients du système de la répartition pure et simple et les charges trop lourdes à l'origine du système de la capitalisation.

Toutefois pour la plupart des Caisses minières les cotisations ont été calculées sur des bases trop faibles au début, de telle sorte qu'à l'heure actuelle leurs fonds de réserve sont devenus insuffisants. Le relèvement des cotisations dans les Caisses minières est, comme on le verra plus loin, une question actuellement à l'étude.

Contrats de réciprocité. — Sous le régime allemand toutes les Caisses minières de l'Empire se trouvaient liées entre elles par un *contrat de réciprocité*.

Suivant décision du conseil de la Société des Nations prise par application des articles 77 et 312 du traité de paix, ces contrats ayant été résiliés en ce qui concerne les rapports entre Caisses lorraines et Caisses allemandes, les liens de réciprocité ne subsistent plus qu'entre les différentes Caisses lorraines.

Nous indiquons ci-après les dispositions essentielles de ces contrats :

1° Chacune des caisses contractantes doit admettre sans condition d'âge tout assuré d'une autre Caisse avec l'ancienneté de services acquise à celle-ci.

2° La perte des droits à une Caisse (défaut de paiement de la taxe de rappel pendant plus de 12 mois) entraîne la perte des droits à toutes les Caisses auxquelles l'assuré a été précédemment affilié.

3° La survivance des droits à une Caisse entraîne par contre celle des droits acquis précédemment aux autres Caisses.

4° La rente est liquidée et payée par la dernière Caisse à laquelle l'assuré a été affilié et toutes les Caisses auxquelles l'assuré a été successivement rattaché remboursent à cette Caisse le montant de leur part contributive dans la rente.

Cette disposition, toutefois, n'est applicable qu'aux rentes d'invalides ou de veuves, les secours aux orphelins étant entièrement à la charge de la dernière Caisse, de même que les frais funéraires.

Application aux Caisses Minières des articles 77 et 312 du traité de Paix. L'article 77 du traité de Versailles avait prévu qu'une convention spéciale devait fixer les conditions et modalités des transferts des capitaux dus par l'Allemagne aux institutions d'assurances sociales d'Alsace et de Lorraine.

D'autre part, l'article 312 stipulait que si la convention spéciale prévue ci-dessus n'était pas conclue dans les trois mois de la mise en vigueur du traité, les conditions du transfert devaient être soumises à une Commission internationale. Cette Commission devait adopter des recommandations à soumettre au Conseil de la Société des Nations, étant entendu que les décisions de ce Conseil devaient être immédiatement considérées comme définitives par les Etats intéressés.

La convention prévue à l'article 77 n'ayant pu être conclue dans le délai prévu à l'article 312, une Commission de 5 membres a été constituée pour étudier la question. Cette Commission a élaboré un projet de recommandations qui a été adopté le 21 juin 1921 à Bâle par le Conseil de la Société des Nations.

Nous résumons ci-après les dispositions essentielles de ce règlement en ce qui concerne les Caisses minières.

Dessaisissement territorial. Il est établi une scission complète entre les Caisses minières d'Alsace et de Lorraine et les Caisses allemandes, par la résiliation des contrats de réciprocité qui liaient ces Caisses entre elles et par le dessaisissement général réciproque de ces Caisses à la date du 1er janvier 1919.

Les rentes dues par les Caisses minières françaises aux ayants droit domiciliés en Allemagne au 1er janvier 1919, sont prises en charge, à partir de cette date par l'ensemble des Caisses allemandes, et inversement.

Les Caisses minières dessaisies se libèrent (avec effet du 1er janvier 1919) vis-à-vis des Caisses ayant assumé la charge des rentes ou parts contributives, par le versement de capitaux équivalant à 72 fois le montant des rentes mensuelles.

Il y a également dessaisissement en ce qui concerne les titulaires ayant transféré leur domicile de France en Allemagne (ou inversement) entre le 1er janvier 1919 et le 10 janvier 1920. Le dessaisissement a pour point de départ le 1er du mois consécutif au changement de domicile.

En ce qui concerne les droits acquis par les assurés actifs, le règlement prévoit que les droits acquis jusqu'au 31 décembre 1921 seront pris en charge par la dernière Caisse minière à laquelle l'assuré a appartenu, cette Caisse ayant à sa charge exclusive le service de la rente entière.

Clauses financières. La plupart des Caisses minières avaient dû contracter des dettes vis-à-vis de banques allemandes pour souscrire aux emprunts de guerre allemands et ces avances représentaient encore pour elles des dettes exigibles à la date de l'armistice.

La Commission a estimé que la fraction des réserves affectée aux souscriptions d'emprunts de guerre devait revenir liquide aux Caisses minières, lesquelles devaient remettre au gouvernement allemand les titres correspondants. Quant aux souscriptions non encore amorties au 11 novembre 1918, elles sont à annuler et à prendre en charge par le gouvernement allemand.

Les titres d'emprunts de guerre allemands possédés par les Caisses minières sont donc annulés pour la fraction non amortie, l'Etat allemand reprenant à sa charge les sommes dues aux banques allemandes ayant consenti les avances. La fraction amortie évaluée au prix d'émission ou d'achat est rachetée par le gouvernement allemand.

En ce qui concerne les valeurs allemandes de portefeuille autres que les emprunts de guerre, celles-ci restent la propriété des Caisses minières et rien n'est encore décidé quant à leur valorisation.

La somme totale due par l'Allemagne à l'ensemble des institutions d'assurances sociales d'Alsace et de Lorraine pour rachat des emprunts de guerre et solde des règlements de comptes relatifs au dessaisissement a été fixée forfaitairement à 65 millions de francs français, valeur au 31 décembre 1920, payables en 10 annuités calculées sur le taux d'intérêt de 5 %.

Un décret en date du 1er mars 1922 a rendu exécutoire le texte des recommandations approuvées par le Conseil de la Société des Nations, le 21 juin 1921.

Ce décret a été complété par un arrêté du Garde des Sceaux, Ministre de la justice, en date du 5 mars 1922.

Comparaison du système local et du système français d'assurance pour l'ouvrier mineur. — Le système d'assurance local des Caisses minières diffère du système français à différents points de vue.

I. — *Au point de vue du principe même de l'assurance et de son objet.* La Caisse autonome de retraites des ouvriers mineurs, créée en France par la loi du 25 février 1914, accorde aux assurés des retraites de vieillesse, l'entrée en jouissance de cette retraite étant fixée à 55 ans. Il n'est pas prévu de pensions d'invalidité ; toutefois, en cas d'invalidité prématurée entraînant une incapacité complète et permanente de travail (cas se présentant très rarement) la liquidation anticipée de la retraite peut être accordée.

En Alsace et en Lorraine, au contraire, les Caisses minières ont pour objet essentiel l'assurance-invalidité.

II. — *Au point de vue de l'étendue de l'assurance.*

La Caisse autonome constitue en France la seule assurance de l'ouvrier mineur, car elle dispense celui-ci des versements à la Caisse des retraites ouvrières et paysannes.

En Alsace et en Lorraine, au contraire, la Caisse minière constitue pour le mineur une assurance complémentaire qui ne le dispense pas des versements à l'Institut d'Assurance-Invalidité et les deux rentes peuvent se cumuler.

Ainsi l'ouvrier mineur en Alsace et Lorraine a la garantie à tout âge :

1º D'une rente d'invalidité générale ou d'une pension de vieillesse de l'Institut d'Assurance-invalidité ;

2º D'une rente d'invalidité professionnelle de la Caisse minière de secours.

L'ouvrier mineur est en outre soumis en Alsace et en Lorraine à l'assurance-maladie et à l'assurance-accidents.

III. — *Au point de vue fonctionnement et administration.*

Nous avons vu précédemment que les organes administratifs des Caisses minières comprenaient seulement des représentants patronaux et ouvriers. Le Conseil d'administration de la Caisse autonome comprend, outre les représentants patronaux et ouvriers, des représentants de l'Etat.

En France les cotisations représentent un pourcentage déterminé du salaire alors qu'elles sont fixes pour chaque classe de salaire dans les Caisses minières.

La pension de la Caisse autonome est constituée par les versements capitalisés de l'ouvrier : elle dépend donc à la fois : de l'importance même des sommes versées, de l'âge de l'assuré au moment de chaque versement et de son âge au moment de la liquidation de la pension.

Pour les Caisses minières, au contraire, le chiffre de la rente est seulement déterminé par la durée des versements à la Caisse. Il est tout à fait indépendant de l'âge de l'assuré au moment des versements ou au moment de la liquidation de la rente.

IV. — *Au point de vue de l'organisation financière.*

Alors que le système des Caisses minières est celui de la répartition (avec constitution de réserves) le système français est basé sur le principe de la capitalisation.

La retraite est rigoureusement calculée d'après le produit des versements de l'ouvrier capitalisés à un certain taux (actuellement 5 %) et d'après une table de mortalité.

Ce système de capitalisation a l'avantage de garantir en toute sécurité à chaque assuré les droits qu'il s'est acquis par ses versements mais il a pour inconvénient d'exiger une grande accumulation de capitaux immobilisés dans des placements à faible revenu et qui pourraient trouver dans l'industrie une meilleure utilisation.

D'ailleurs le système de la capitalisation manque parfois son but, car il peut arriver que par suite d'événements imprévus une dépréciation de valeur de la monnaie nationale entraîne la nécessité d'augmenter considérablement les retraites.

Le cas s'est produit à la suite de la dernière guerre et la Caisse autonome s'est trouvée dans la nécessité de s'éloigner du système de la capitalisation pure et simple et de donner plus d'importance à la répartition pour pouvoir donner satisfation aux anciens retraités, dont les pensions étaient devenues insuffisantes par rapport à l'augmentation du prix de la vie.

A l'heure actuelle 3/8 seulement des cotisations sont capitalisés et 5/8 sont affectés à un fonds spécial de répartition qui est destiné à compléter les retraites acquises par la capitalisation et qui étaient devenues insuffisantes.

Régime transitoire des assurés passant du régime local au système métropolitain ou inversement. — Depuis l'armistice, la situation des assurés passant du régime d'assurances métropolitain au régime local (ou inversement) était assez mal définie.

Une loi du 19 avril 1921 complétée par un arrêté du 3 septembre 1921 règle provisoirement la situation des assurés des retraites ouvrières et paysannes d'une part, et de l'assurance-invalidité d'Alsace et de Lorraine d'autre part, mais ce texte ne contient aucune disposition visant le cas des bénéficiaires des régimes spéciaux et notamment des *employés et ouvriers des mines.*

Un arrêté doit intervenir pour combler cette lacune et fixer les conditions d'application de la loi du 19 avril 1921 à ces assurés.

En Alsace et Lorraine les employés des mines sont assujettis à l'assurance des employés privés. Mais en ce qui concerne ceux d'entr'eux, dont les appointements sont en dehors des limites fixées par la loi d'assurance des employés privés pour l'assujettissement obligatoire, leur situation a été régularisée à la suite d'un accord entre la Caisse autonome et l'Office Général des assurances sociales.

Le Conseil d'administration de la Caisse autonome a décidé dans sa séance du 20 janvier 1922 que seront acceptés les versements qui lui seront faits au compte des intéressés, par les exploitations minières qui les occupent, sous réserve que ces versements correspondent à la double contribution ouvrière et patronale prévue par la législation française, tant pour la constitution des rentes au fonds d'assurance que pour l'alimentation du fonds spécial.

Réorganisation des caisses minières. — La réorganisation des Caisses minières d'Alsace et de Lorraine, l'unification des statuts des huit Caisses existantes et leur assainissement financier sont des questions actuellement à l'étude.

L'assemblée plénière de l'Office général des assurances sociales tenue à Strasbourg en novembre 1921 a émis le vœu, que soit effectué une réorganisation des Caisses minières ayant pour but d'unifier leur régime, de les mettre en harmonie avec les organismes français de même nature, et de consolider leur situation financière. Cette réorganisation devrait d'ailleurs être poursuivie en conservant l'affiliation des ouvriers mineurs à l'Institut d'invalidité qui continuerait à assurer le service de l'invalidité générale, et être réalisée conformément au Code local tout en se rapprochant dans la plus grande mesure possible des institutions de même nature fonctionnant dans la métropole.

Dans le courant de l'année 1922 ont été tenues à Metz différentes réunions des représentants des Caisses minières, à l'effet d'examiner les conditions dans lesquelles pourraient s'effectuer les réformes projetées.

Les conclusions auxquelles ont abouti ces réunions ont été résumées dans un rapport établi par l'Association Minière d'Alsace et de Lorraine et dont pourra s'inspirer la Commission interministérielle qui a été instituée par M. le Ministre du travail pour étudier la réorganisation des Caisses minières.

Renseignements statistiques. — D'après le recensement des assurés effectué en 1922, la répartition par âge des personnes affiliées à l'assurance-invalidité-vieillesse-survivants est la suivante :

Répartition
par âge des assurés

Age	Hommes	Femmes	Age	Hommes	Femmes
16	5088	3330	37	5724	1590
17	9275	5880	38	5777	1470
18	9514	6120	39	5459	1460
19	9249	5800	40	5671	1420
20	8454	5560	41	5353	1350
21	7924	5290	42	4929	1280
22	8003	4690	43	5035	1250
23	8931	4130	44	5194	1220
24	8321	3880	45	5009	1250
25	7871	3320	46	4903	1200
26	8063	3090	47	4956	1180
27	7235	2860	48	4479	1120
28	6625	2490	49	4267	1080
29	6387	2250	50	4240	1060
30	6095	2150	51	3154	740
31	6360	2050	52	3578	890
32	5989	1880	53	3419	820
33	5804	1900	54	3074	750
34	5936	1860	55	2889	720
35	5935	1770	56	2756	670
36	5751	1670	57	2730	660

Age	Hommes	Femmes	Age	Hommes	Femmes
58	2518	630	71	292	90
59	2385	560	72	292	100
60	2067	530	73	265	80
61	1988	440	74	212	50
62	1829	430	75	133	40
63	1723	390	76	80	40
64	1405	360	77	80	30
65	1193	260	78	53	10
66	981	240	79	53	10
67	716	180	80	53	10
68	583	170	81	27	—
69	398	120	82	27	10
70	318	130	**Total....**	**265.000**	**100.000**

CHAPITRE V

ASSURANCE-ACCIDENTS

L'assurance-accidents telle qu'elle a été organisée dans les trois départements recouvrés par les lois locales (Code des Assurances sociales, loi du 5 août 1912) et par l'arrêté du 17 juillet 1919, se subdivise en deux branches distinctes, la branche agricole et la branche industrielle. On étudiera tout d'abord ici les traits communs à ces deux catégories qui seront examinées ensuite aux titres B et C du présent chapitre.

A. — APERÇU GÉNÉRAL DE L'ORGANISATION DE L'ASSURANCE-ACCIDENTS EN ALSACE ET EN LORRAINE

Conditions d'ouverture du droit à indemnité. — Le Code des Assurances Sociales (C. A. S.) soumet l'attribution des prestations de l'assurance-accidents aux conditions suivantes :

1° Il faut que le travail soit assujetti obligatoirement à l'assurance. Toutes les professions ou activités comportant des risques d'accidents notables sont atteintes en fait par la loi, c'est-à-dire notamment les *industries minière, métallurgique, chimique, textile, alimentaire, les entreprises se rapportant au bâtiment, aux transports, au commerce de gros ou de détail*, de même que toutes les *exploitations agricoles et forestières*. L'assurance de ces entreprises est administrée par les Corporations professionnelles ou, s'il s'agit des exploitations de l'État, par l'Office général des Assurances Sociales et par la Direction des Chemins de fer pour le service des voies ferrées. Les travaux de construction sans but industriel et l'utilisation à titre non industriel de montures et de véhicules sont soumis à un régime spécial auprès d'organes particuliers des corporations (succursales des corporations des industries du bâtiment et des métaux et transports).

2° Sont appelées, en cas d'accidents, à bénéficier des prestations de l'assurance, les personnes appartenant au sein des branches professionnelles ci-dessus, soit à la catégorie des travailleurs manuels (*ouvriers*, *apprentis, compagnons*, etc.), soit à celle des *agents techniques* (employés d'exploitation) gagnant moins de 15.000 francs par an. Les employés de bureau ne sont pas assujettis de droit. Peuvent également être assurés obligatoirement par les statuts de la Corporation, les patrons de l'industrie travaillant seuls ou au plus avec deux ouvriers, ou gagnant moins de 8.000 francs ; au delà de cette limite, ils ne peuvent être admis qu'à titre facultatif. Dans l'agriculture, au contraire, tous les chefs d'entreprise, sans distinction, sont astreints à l'assurance.

3° Il est nécessaire enfin qu'il y ait *rapport de causalité* entre l'accident et l'exploitation ou le travail assujetti.

Nature des prestations. — En cas d'accident donnant droit à indemnité, la Caisse des malades coopère avec la Corporation dans la prise en charge des prestations de l'assurance. Chaque arrondissement possédant au moins une Caisse de malades, celle-ci est le plus facilement accessible aux intéressés et son intervention permet à ces derniers de recevoir un secours immédiat. Cette collaboration des deux institutions dont il s'agit, a les plus heureux effets et met à cet égard l'ouvrier alsacien dans une situation privilégiée vis-à-vis de l'ouvrier de la métropole.

Les prestations des treize premières semaines après l'accident incombent à la Caisse de maladie si l'accident est assujetti à l'assurance obligatoire contre la maladie et, dans le cas contraire, à l'entrepreneur ou, pour les ouvriers agricoles, à la commune.

Ces prestations comprennent les soins de maladie, en outre le demi-salaire de base, montant du secours normal de maladie, plus une allocation supplémentaire du sixième de ce salaire à partir du début de la cinquième semaine. Cette dernière n'est à la charge de la corporation qu'en cas de persistance de l'incapacité au delà des treize semaines et si ce secours supplémentaire n'est pas prévu par les statuts de la Caisse. Lorsque l'incapacité se prolonge au delà du délai susvisé, l'Institution d'assurance-accidents doit prendre à sa charge les prestations dues en cas d'accident sans que la Caisse de maladie puisse se dérober pour ce motif à ses obligations légales ou statutaires vis-à-vis de la victime.

1° Les prestations accordées après la treizième semaine comportent tout d'abord le *traitement médical* (soins médicaux, traitement hospitalier, médicaments, appareils, et autres moyens de guérison susceptibles d'assurer le succès du traitement curatif ou d'atténuer les conséquences des lésions).

Pendant la durée dudit traitement, la Corporation peut allouer à la victime les soins et l'entretien gratuits dans un établissement hospitalier. Dans ce cas, si l'accidenté est marié ou soutien de famille, les membres de sa famille (épouse, enfants, parents) ont à recevoir durant ce temps, les rentes auxquelles ceux-ci auraient eu droit en cas d'accident mortel.

La Corporation peut, pour assurer à l'accidenté des secours appropriés aux circonstances, soit confier le traitement à la Caisse-maladie au delà de la treizième semaine (le cas échéant jusqu'à guérison complète), soit se charger elle-même du traitement dans une maison de santé ou un hôpital déjà avant l'expiration des treize premières semaines, sous réserve, dans les deux cas, du remboursement, par l'institution d'assurance débitrice des prestations, de la part des frais lui incombant d'après ses statuts.

2° En outre du traitement dont il s'agit, la Corporation doit allouer également une *rente* pour la durée de l'incapacité de travail. Cette rente peut, du reste, être suspendue en tout ou en partie dans les conditions visées au § 606 du C. A. S. si l'accidenté refuse de se soumettre sans motif valable aux prescriptions que comporte son traitement.

La rente prise pour base est celle correspondant à une incapacité absolue. Elle se monte aux deux tiers du salaire gagné par la victime durant l'année qui a précédé l'accident (sous réserve, pour le calcul du dit salaire, des dispositions des §§ 564 et suivants du C. A. S.) [1].

Le salaire considéré pour les ouvriers agricoles est celui fixé par les Offices supérieurs pour chaque arrondissement.

La rémunération annuelle de la victime servant de base au calcul de la rente est actuellement prise en compte dans sa totalité jusqu'à concurrence de 4.500 francs de gain annuel d'après le décret du 19 novembre 1921 et doit subir une réduction des deux tiers au delà de ce chiffre, pour tenir compte, dans la mesure du possible, des modifications apportées par la loi métropolitaine du 5 août 1920, relative à la modification du § 2 de l'article 2 de la loi du 9 avril 1898.

Si l'incapacité de travail n'est que partielle, l'accidenté reçoit une fraction de la rente entière proportionnelle au pourcentage de l'incapacité de travail.

Durant les deux premières années après l'accident, la rente peut être révisée dès que le besoin s'en fait sentir ; elle est appelée *rente provisoire* pour cette raison. Mais après ce délai, elle ne peut plus être modifiée qu'à des intervalles d'une durée d'une année au moins ; on la désigne alors (assez improprement du reste) sous le nom de *rente permanente*.

(1) Si toutefois l'accidenté est infirme à tel point qu'il ne peut vivre sans la garde d'autrui (ex. en cas de cécité ou de paralysie), la rente peut être augmentée jusqu'à concurrence de 100% du gain annuel. Enfin, si l'ayant droit se trouve, pour une cause indépendante de sa volonté, sans travail, à la suite de l'accident, sa rente pour incapacité partielle peut, à titre facultatif et temporairement, être portée jusqu'à concurrence du montant de la rente correspondant à une incapacité totale.

En cas d'accident mortel, la Corporation alloue des frais funéraires se montant au quinzième du gain annuel de la victime, avec un minimum de 60 francs.

Une rente de survivants, égale au cinquième de la rémunération annuelle de la victime est, en outre, versée, jusqu'à concurrence des trois cinquièmes de cette rémunération, pour l'ensemble des rentes de survivants : 1° à la veuve de la victime ; 2° à chacun des enfants de la victime jusqu'à l'âge de quinze ans accomplis, si leur père subvenait à leurs besoins ; 3° aux ascendants, à condition qu'ils soient dans le besoin et que l'accidenté ait pourvu d'une façon importante à leur entretien à l'aide de son gain ; 4° aux petits-enfants orphelins de l'accidenté sous les mêmes réserves que pour les ascendants. Les allocations de la troisième catégorie ne doivent être attribuées que si les ayants droit des deux premières catégories n'ont pas déjà épuisé le montant maximum des trois cinquièmes et celles de la quatrième seulement après épuisement des trois catégories précédentes.

Les survivants de nationalité étrangère de la victime n'ont pas droit à la rente lorsqu'ils résident à l'étranger au moment de l'accident, à moins qu'ils n'aient leur résidence dans l'un des territoires étrangers limitrophes de l'Alsace et de la Lorraine mentionnés au décret du 28 mars 1922 (Grand-Duché de Luxembourg, pays de la Sarre, Palatinat) ou ne ressortissent à certains États ayant conclu un traité de réciprocité avec la France (Belgique, Italie).

La rente, d'autre part, est suspendue en cas de séjour à l'étranger de l'ayant droit, s'il est lui-même étranger. Dans ce cas, la Corporation peut lui allouer une indemnité globale égale soit à trois fois le montant de la rente annuelle, s'il y consent, soit au capital représentatif de cette rente, à défaut de son consentement.

Allocations supplémentaires. — Il est certain qu'en raison de la hausse continue des salaires depuis une vingtaine d'années, les rentes correspondant à des accidents d'ancienne date se trouvent être fort inférieures pas rapport à celles relatives à des accidents récents. En vue de remédier aux conséquences fâcheuses qui en résultent pour les titulaires anciens, des *allocations supplémentaires* sont accordées sur demande aux victimes d'accidents dont le taux de l'incapacité de travail est de 66 2/3 % au moins, et dont la situation pécuniaire justifie cette allocation. Le montant de l'allocation varie à la fois suivant la date de l'accident et le taux actuel de l'incapacité. L'article 4 du décret du 19 novembre 1921 a étendu aux survivants des accidentés le bénéfice de ces rentes supplémentaires dont l'arrêté du 17 décembre 1921 a précisé les conditions d'attribution. [1] L'Office supérieur d'assurance du département statue en dernier ressort sur les litiges auxquels donnent lieu ces allocations.

Garanties : Les Corporations d'assurances et leur organisation. — Les prestations ci-dessus sont imposées non directement à l'employeur mais à l'*ensemble* des patrons appartenant aux catégories professionnelles déjà énoncées, groupées obligatoirement, pour un motif d'intérêt public en une même association, la *Corporation d'assurance-accidents*. La responsabilité individuelle de l'employeur est, de la sorte, transformée en une obligation collective, supportée par une personne morale distincte.

Aussi, le chef d'entreprise, à moins qu'il ne soit établi devant les tribunaux répressifs que l'accident n'ait été intentionnellement provoqué par lui, est-il à l'abri, par là même, de toute action en *responsabilité civile* [2] que la victime ait été indemnisée ou non au titre d'un accident du travail.

Ce caractère général et obligatoire de l'assurance par les corporations explique que les frais de gestion de ces Institutions soient notamment moins élevés que ceux des Compagnies d'assurances privées. Il apporte, en outre, pour l'assuré, une précieuse garantie, à laquelle vient s'ajouter l'obligation pour les corporations de constituer un *fonds de réserve* [3] se montant au triple des rentes en cours.

---

(1) V. *Bulletin Officiel de l'Office Général des Assurances sociales*, année 1922, nº 1, p. 6 et suivantes ; *Op. cit.*, année 1921, nº 1, p. 9 et suivantes. Le pourcentage de base de ces allocations varie entre 20 et 75% du montant de la rente.

(2) *Responsabilité civile des chefs d'entreprise.* — Le chef d'entreprise assuré auprès de la Corporation n'est obligé de réparer le dommage causé à ses ouvriers ou à leurs survivants que lorsqu'il a été établi par jugement pénal qu'il a provoqué l'accident intentionnellement. La responsabilité des employeurs vis-à-vis des Corporations, des Caisses de maladie, etc., s'étend au cas où l'accident a été provoqué par la négligence de ces derniers (ou du personnel préposé par eux à la surveillance de l'exploitation), par exemple dans le cas où ils n'auraient pas observé les mesures préventives contre les accidents. L'assemblée générale est toutefois autorisée à renoncer à tout recours vis-à-vis des personnes en question.

Plusieurs Corporations, usant de la faculté que leur accorde la loi, sont en voie d'instituer une assurance contre la responsabilité civile pour les chefs d'entreprise. La Corporation sera l'organe de cette assurance à laquelle les employeurs participeront facultativement.

(3) Les fonds des Corporations doivent être placés au moins pour un quart en territoire français et en valeurs françaises. Pour ces placements entrent en ligne de compte : les prêts sur première hypothèque jusqu'à concurrence de la moitié de l'immeuble grevé, les valeurs du Trésor et celles garanties par le Trésor, les obligations émises par le département, les communes, les colonies et pays de protectorat français, etc. ; les Caisses d'épargne publiques et la Caisse de Dépôt et Consignations d'Alsace et de Lorraine.

En raison de leur caractère public, ces organismes qui, du reste, sont créés par l'autorité administrative, ont des attributions strictement délimitées par la loi ; leurs statuts, réglements de service, tarifs de risques, etc., sont soumis à l'approbation de l'Office général des Assurances Sociales, sous la surveillance étroite duquel ils se trouvent placés.

En dehors des trois corporations agricoles qui fonctionnaient déjà avant la guerre, englobant chacune respectivement, dans leur ressort, l'ensemble des exploitations agricoles de l'un des trois départements, cinq corporations ont été instituées, par arrêté du 17 juillet 1919, pour l'assurance contre les accidents industriels. Les opérations de ces dernières s'étendent à toute l'Alsace et Lorraine ; à chacune d'elles ont été affiliés des groupes d'industries présentant généralement entre eux certains liens de connexité.

Les organes de la corporation sont :

I. *Le Comité Directeur* (Bureau) chargé de la gestion de la Corporation et de la fixation des indemnités d'accident et des cotisations.

II. *L'Assemblée Générale* composée des membres de la Corporation élus, dans les conditions fixées au Réglement arrêté par l'Office général d'après le principe de la représentation proportionnelle.

Les points ci-dessous sont notamment réservés à sa compétence :

1° Élection des membres du Bureau de la Corporation et de leurs suppléants ;

2° Modifications statutaires ;

3° Vérification du compte-rendu financier annuel ;

4° Établissement et révision du tarif de risques entre les différentes catégories duquel sont classées les exploitations sous un coefficient spécial, en vue du calcul de la cotisation ;

5° Établissement du statut des employés de la corporation ;

6° Fixation du montant des indemnités, frais de voyage, etc., à payer aux membres chargés de fonctions honorifiques participant à la gestion de la Corporation ;

7° Délibération sur les mesures destinées à prévenir les accidents ;

8° Établissement du budget annuel ;

9° Délibération sur la création d'hôpitaux et d'établissements sanitaires.

Le Comité Directeur élu par l'Assemblée générale, expédie toutes les affaires non réservées par la loi ou les statuts à un autre organe de la Corporation. Il élit dans son sein un Président qui représente la Société devant les tiers. Tous les ans le Comité Directeur doit présenter à l'Assemblée générale un rapport administratif pour l'année écoulée, rendre compte de la gestion financière et dresser un bilan de l'état de l'actif.

III. *Les « hommes de confiance »* ou *correspondants* sont les *représentants locaux* de la Corporation devant les Offices d'assurance, en matière d'enquête accident, pour la surveillance des titulaires de rentes, etc.

Pour les accidents survenus dans les exploitations de l'État (hormis les chemins de fer, comme il a été dit plus haut), dans les trois départements recouvrés, l'*Office Général des Assurances Sociales* fait fonction de Corporation d'assurance. Les prestations sont fixées par une Commission spéciale siégeant auprès du Commissariat général.

Ce souci d'offrir aux travailleurs le maximum de garanties possibles, qu'on a déjà pu constater dans l'organisation des institutions débitrices des prestations, se retrouve dans les dispositions du C. A. S. stipulant le mode de fixation et de recouvrement des sommes faisant l'objet de ces charges.

Procédure de fixation de la rente. — Tout accident survenu dans une exploitation doit être déclaré, en effet, dans les trois jours, par le chef d'entreprise, tant à l'Institution d'assurance compétente qu'au maire de la localité. Un accident n'ayant entraîné qu'une blessure peu grave, ne doit être déclaré que s'il y a lieu de présumer que l'incapacité de travail, entière ou partielle, doit dépasser trois jours.

Si l'accident entraîne la mort ou des blessures susceptibles de donner lieu à l'allocation d'une indemnité, l'autorité de police locale doit, aussitôt que possible, de sa propre autorité ou, à défaut, sur la demande de l'employeur ou de l'Institution d'assurance intéressée, ouvrir une enquête à laquelle l'accidenté ou ses ayants-droit, l'employeur, la Corporation, la Caisse-maladie, l'Office d'assurance, peuvent se faire représenter. Le dossier de l'enquête est ensuite transmis à la corporation.

Les prestations de l'assurance-accidents, une fois liquidées par la Corporation (ou le cas échéant par la Commission des Rentes du Commissariat général ou la Direction des Chemins de fer) l'intéressé a un mois, à dater de la signification de la décision de fixation de la rente, pour faire opposition devant l'Institution qui l'a rendue. Après audition, s'il y a lieu, de l'intéressé par l'*Office d'assurance*, la Corporation prendra une décision finale. La victime peut appeler de celle-ci devant l'*Office supérieur d'assurance* du département. Enfin, l'*Office Général* peut être appelé à statuer sur le recours contre le jugement de *l'Office Supérieur*.

Les Offices d'assurance des différents degrés qui interviennent ainsi, dans la détermination du montant des prestations de l'assurance-accidents, comprennent, à chacune de leurs séances, un ou deux représentants des employeurs, un ou deux représentants des assurés et, comme Président, un fonctionnaire permanent, spécialiste des questions d'assurances sociales. Telle est du moins la composition des Chambres du Contentieux Judiciaire des Offices supérieurs ainsi, du reste, que des Comités de l'Office d'assurance qui n'a qu'un rôle consultatif pour l'assurance-accidents. Au Conseil de Contentieux de l'Office général, instance suprême, est adjoint en outre, un magistrat de l'ordre judiciaire et un conseiller, fonctionnaire de l'Office général.

Il convient d'observer que la procédure instituée par le Code des Assurances Sociales, en ce qui concerne le Contentieux de la fixation des rentes accidents, offre le maximum d'avantages à l'assuré : 1° par la *gratuité* complète de cette procédure ; 2° par la *simplification de ses formalités* et la rapidité avec laquelle sont liquidées les affaires ; 3° par la *compétence* particulière des deux degrés de juridiction qu'elle comporte, compétence garantie d'une part, comme il a été dit par l'adjonction à des magistrats et fonctionnaires, de représentants des employeurs et des assurés et, de l'autre, par la limitation étroite des attributions de ces juridictions aux affaires d'assurance sociale.

Mode de versement des indemnités. — Le service des prestations fixées par l'Institution d'assurance-accidents ou, en cas de contestation, par l'Office Supérieur ou l'Office général, est effectué par le Bureau de poste du domicile de l'intéressé, sur mandatement de la Corporation.

Mode de fixation et de recouvrement des cotisations. — Le montant total des dépenses de la poste durant l'exercice écoulé est réparti entre les membres, proportionnellement au coefficient du *tarif de risques* applicable à chaque exploitation et aux salaires payés par l'entrepreneur durant l'année. La part de chaque membre, déterminée de cette manière, constitue la cotisation réclamée par la Corporation. Pour faire face au paiement des rentes, l'administration postale est en droit de réclamer à la Corporation des avances avant la fin de l'exercice. Ce montant est fixé par l'Office général sur la base des dépenses de l'année précédente.

Un supplément de cotisations, calculé suivant les mêmes règles de répartition, peut également être demandé aux affiliés pour constituer le fonds de réserve.

Le bureau de la Corporation établit au moins chaque année, un *rôle* (1) de recouvrement de ces cotisations qui est remis à chaque patron intéressé. Ce rôle peut, du reste, être révisé au cours de l'exercice, à la suite des déclarations de l'employeur ou des constatations des experts comptables. Le contentieux relatif à la fixation des cotisations relève des Offices supérieurs. L'Office général statue en dernier ressort.

(1) Ce rôle est établi d'après les déclarations faites par l'employeur sur le nombre de ses assurés, sur la classe de risques auquel ils sont soumis et en tenant compte aussi des exigences du fonds de réserve et des sommes nécessaires à l'administration de la Corporation.

On verra au Titre C que pour les corporations agricoles, un mode spécial de recouvrement a été prévu ; les cotisations des exploitations agricoles sont réparties entre les communes et prélevées ensuite dans chaque commune, sous forme de centimes additionnels à l'impôt foncier.

Au surplus, quelle que soit l'Institution d'assurance intéressée, en cas de retard dans le payement des cotisations, celles-ci sont recouvrées par la même procédure de recouvrement forcé que les impôts communaux. L'Office général dispose de pouvoirs de coercition analogues vis-à-vis de la Corporation, pour les remboursements à effectuer à la poste.

Réglements préventifs. — Il importe d'observer que les Corporations d'assurance-accidents n'ont pas pour unique rôle le service de prestations aux victimes d'accidents du travail. Elles ont également pour attribution de prévenir ces accidents par des *règlements* particuliers. Ceux-ci sont établis par les membres du Comité Directeur de chaque Corporation en collaboration avec les représentants des assurés réunis en nombre égal à celui des employeurs. Leur exécution est contrôlée par des « Inspecteurs techniques ». En collaboration avec les Inspecteurs du Travail, les contrôleurs techniques des Corporations étudient les causes des accidents qui se sont produits et recherchent le moyen d'en prévenir le retour ou la gravité.

Les membres qui contreviennent aux prescriptions édictées sont passibles d'une amende pouvant atteindre 1.250 francs au plus.

Les prescriptions préventives des Corporations qui sont soumises à l'approbation de l'Office général, peuvent ainsi contribuer d'une manière efficace à la diminution du nombre des accidents graves.

Une autre tâche non moins importante des corporations consiste dans l'atténuation des suites des accidents, par la bonne organisation des *premiers secours*. A cet effet, la Corporation astreint les chefs des entreprises d'une certaine importance, à tenir prêts constamment, convenablement emballés, dans les ateliers et sur les chantiers, les médicaments et pansements provisoires qui pourraient être nécessaires en cas d'accident.

D'autre part, les exploitations industrielles d'une certaine importance ont toutes organisé un personnel d'infirmiers, ou de sauveteurs susceptibles de donner utilement les premiers soins ou de porter les premiers secours avant l'arrivée du médecin. Elles disposent de postes de secours plus ou moins nombreux et importants et souvent d'hôpitaux spécialement organisés pour le traitement des victimes d'accidents du travail.

Toutes les Corporations ont soin de faire traiter les blessés aussitôt que les circonstances l'exigent ou le permettent, dans des établissements spécialement choisis (cliniques universitaires, cliniques et maisons de santé spéciales pour les assurances sociales, grands hôpitaux corporatifs et municipaux). Ainsi peuvent être évitées les suites fâcheuses d'un traitement commencé avec des moyens insuffisants et susceptibles d'entrainer souvent une incapacité de travail permanente, alors que la guérison complète eut été assurée si l'intervention médicale ou chirurgicale avait été immédiate.

Les Corporations projettent, du reste, de leur côté, de créer des cours destinés à former des ouvriers infirmiers susceptibles de donner les premiers soins à leurs camarades en cas d'accident.

Renseignements statistiques. — D'après les renseignements fournis en 1920, les assujettis à l'assurance-accidents se répartissent ainsi :

Statistique
du nombre des assurés

	INSTITUTIONS	Nombre des assurés
1	Corporation nº 1 des Mines et Usines Métallurgiques....	67.737
2	Corporation nº 2 des Métaux et Transports	42.160
3	Corporation nº 3 Textile et des Industries Chimiques ...	99.438
4	Corporation nº 4 des Industries Alimentaires	36.340
5	Corporation nº 5 des Industries du Bâtiment.......	65.296
6	Corporation agricole du Bas-Rhin	273.000
7	Corporation agricole du Haut-Rhin	157.000
8	Corporation agricole de la Moselle	244.000
9	Services administratifs	49.197
	Total général	**1.034.168**

B. — Assurance contre les accidents industriels

Etendue de l'assurance. — Sont actuellement assujettis à l'assurance :

1º Les ouvriers, aides, compagnons, apprentis ;

2º Les employés d'exploitation, techniciens et contremaîtres, dont la rémunération ne dépasse pas 15.000 francs,

et, si les statuts le prévoient :

4º Les chefs d'entreprise dont le gain annuel ne dépasse pas 8.000 fr. ou qui n'occupent régulièrement pas plus de deux ouvriers ;

5º Les artisans à domicile ;

6° Les employés d'exploitation, techniciens et contremaîtres dont la rémunération dépasse 15.000 francs.

L'assurance s'étend aux entreprises ou travaux ci-après :

Mines, salines, carrières, ateliers de préparation de minerai, fabriques, chantiers maritimes, forges, pharmacies, brasseries industrielles et tanneries ;

Chantiers, entreprises de travaux de construction ;

Boucherie, entreprises de ramonage et de nettoyage des maisons, établissements de bains ;

Chemins de fer, P. T. T., entreprises des administrations militaires ;

Entreprises de navigation, de pêche, de transport, de voiturage, d'emmagasinage, d'entrepôt, d'emballage, chargement, manutention ; de transport de personnes ou de marchandises, et de manutention de marchandises lorsque ces entreprises sont rattachées à des exploitations commerciales excédent les limites de la petite entreprise.

Au retour de l'Alsace et de la Lorraine à la France, la plus grande partie des industries et professions étaient affiliées à des corporations dont le siège était en Allemagne et se sont trouvées, de ce fait, désorganisées. Pour remédier à cet état de choses, on a décidé, en maintenant le principe du groupement professionnel, de réunir les diverses industries et professions, assurées par le passé auprès des trente-huit corporations allemandes, en cinq corporations formées uniquement des éléments alsaciens et lorrains.

L'arrêté du 17 juillet 1919 a constitué les cinq corporations industrielles désignées ci-après :

N° 1. — *Corporation des mines et usines métallurgiques*, comprenant :

a) Les mines de houille, de minerai et de potasse, les exploitations pétrolifères et les forages, c'est-à-dire d'une façon générale toutes les entreprises qui étaient affiliées obligatoirement à la « Knappschaftsberufsgenossenschaft », à Berlin.

b) Les usines métallurgiques, hauts fourneaux, forges, aciéries et laminoirs, c'est-à-dire d'une façon générale les industries produisant à titre principal du fer et de l'acier, qui étaient affiliées obligatoirement à la « Süddeutsche Eisen- und Stahlberufsgenossenschaft », à Mayence, et à la « Südwestdeutsche Eisenberufsgenossenschaft », à Sarrebruck.

N° 2. — *Corporation des métaux et transports*, comprenant les établissements non producteurs du fer et de l'acier, mais travaillant à titre principal les métaux, tels que les ateliers de constructions mécaniques, les ateliers de constructions métalliques (ponts et charpentes), les installations électriques, la fabrication d'instruments et d'appareils fins, y compris les instruments de musique, les chemins de fer privés et à voie étroite, les tramways, la batellerie, les transports, dépôts et entrepôts de marchandises, etc.

N° 3. — *Corporation textile et des industries chimiques*, comprenant les industries textiles, celles de la soie et du vêtement, les industries du papier et du cartonnage, la fabrication de papier mâché, les imprimeries, lithographies et ateliers de reliure, l'industrie chimique, l'industrie du cuir, etc.

N° 4. — *Corporation des industries alimentaires*, comprenant la fabrication de produits alimentaires, la meunerie, les brasseries et malteries, les laiteries, les distilleries et amidonneries, les industries du tabac, le commerce de détail, les établissements de bains, etc.

N° 5. — *Corporation des industries du bâtiment*, comprenant l'industrie du bâtiment, l'industrie des carrières, y compris les fabriques de chaux et de ciment, les tuileries et briqueteries, les constructions sous sol et sous eau, les industries du bois, de la poterie et de la verrerie, les usines à gaz, à eau et à électricité, les entreprises de ramonage et, d'une façon générale, toutes les entreprises se rapportant au bâtiment.

Affiliation. — Tout exploitant d'une entreprise du ressort et de la branche d'industrie pour laquelle une corporation a été établie, est légalement membre de celle-ci dès l'ouverture, par lui, d'une exploitation réunissant les conditions prévues par la loi pour son assujettissement. Il doit, dès cette ouverture, faire connaître à l'Office d'assurance de son arrondissement le nombre d'assurés que comprend son entreprise, ainsi que la corporation à laquelle il doit être affilié. Les changements ou modifications survenus dans l'exploitation ou le personnel assuré doivent être notifiés au bureau de la Corporation.

Prestations, cotisations, etc. — En ce qui concerne l'objet et le mode d'attribution des prestations, la fixation des cotisations, comme pour tous les autres détails du fonctionnement des Corporations industrielles, nous renvoyons le lecteur à ce qui a été dit plus haut au titre A.

Renseignements statistiques. — Voici quelques renseignements statistiques relatifs aux opérations des Corporations industrielles pendant l'année 1921.

CORPORATIONS INDUSTRIELLES

Institutions et catégories d'exploitations	Nombre des exploitations	Nombre des personnes assurées	Nombre des ouvriers « complets » (Nombre des journées de travail divisé par 300)	Nombre des accidents déclarés	Nombre des accidents indemnisés pour la première fois
				Au cours de l'année 1921	
1° Corporation des Mines et Usines Métallurgiques					
Mines :					
Houille	23	23 875	22 065	1 982	292
Potasse	11	6 616	6 656	1 161	157
Pétrole	16	1 811	1 747	63	16
Fer	47	9 259	8 024	1 087	156
	97	41 541	38 891	4 293	621
Usines métallurgiques	36	28 227	26 919	3 084	277
Total	133	69 768	65 756	7 377	898
2° Corporation des métaux et transports					
Métallurgie et constructions mécaniques	411	17 052	16 801,5	695	56
Construction métallique et serrurerie	334	5 029	4 859,8	216	34
Chaudronnerie et fonderie	20	4 520	4 246,8	178	24
Métaux précieux et non précieux	38	908	896,3	50	6
Mécanique fine	232	2 081	2 020,—	68	6
Scieries et ateliers pour le travail du bois	32	889	879,1	154	1
Forges	1 124	1 614	1 321,5	31	5
Entrepôts	1 186	5 538	5 329,8	296	50
Transports par terre	493	1 495	1 382,—	56	9
Tramways et chemins de fer privés	13	2 525	2 560,7	109	8
Navigation	136	323	312,9	6	1
Entreprises de battage	155	299	63,3	8	2
Fabrication d'instruments de musique	8	77	77,4	1	—
Succursale	195	213	180,—	4	—
Total	4 408	42 395	40 232,9	1 872	202
3° Corporation textile et des industries chimiques					
Industries textiles	223	58 798	34 445	650	159
Industries chimiques	267	5 465	4 823	257	59
Industries de la soie	14	4 692	3 761	13	2
Fabrication du papier	11	2 025	1 754	44	20
Transformation du papier	67	2 058	1 844	21	3
Cuirs et peaux	48	3 262	2 932	34	17
Industries du vêtement	164	4 723	4 043	45	13
Imprimerie	105	3 330	2 807	18	7
Total	897	84 198	76 409	1 082	280
A reporter	5 538	196 361	18 309	10 331	1 380

Institutions et catégories d'exploitations	Nombre des exploitations	Nombre des personnes assurées	Nombre des ouvriers « complets » (Nombre des journées de travail divisé par 300)	Nombre des accidents déclarés	Nombre des accidents indemnisés pour la première fois
				Au cours de l'année 1921	
Report	5 538	196 361	183 031	10 321	1 380
4° Corporation des industries alimentaires					
Meuneries, minoteries et huileries	487	1 637	1 072,87	48	21
Préparation de produits alimentaires	1 449	12 169	6 855,13	129	34
Sucreries et raffineries .	1	447	355,38	21	6
Laiteries, distilleries et amidonneries	110	1 305	783,63	44	10
Brasseries et malteries ..	162	2 871	2 122,75	136	36
Industries du tabac	29	2 879	2 101,47	10	3
Boucheries et charcuteries	1 452	3 868	2 302,23	43	11
Commerce de détail (toutes branches) ...	1 732	12 648	8 171,39	25	6
Total......	5 222	37 724	23 762,97	406	127
5° Corporation des industries du bâtiment					
Carrières	204	3 752	2 816	193	41
Fabrication du verre ...	11	5 495	4 651	42	14
Poterie et céramique....	41	2 873	2 221	27	9
Tuileries	99	3 629	2 916	148	33
Industries du bois	1 407	10 696	7 682	429	117
Industries du bâtiment .	2 605	30 081	20 872	1 286	214
Entreprise de ramonage	27	73	59	1	—
Travaux en sous-sol ...	34	4 045	3 238	123	43
Usines d'électricité	21	1 332	1 254	141	21
Usines à gaz et entreprises d'adduction d'eau..................	25	1 905	1 556	73	6
Total.......	4 874	63 875	46 725	2 557	501
Total général.......	**15 634**	**297 960**	**253 558,09**	**13 334**	**2 008**

C. — ASSURANCE CONTRE LES ACCIDENTS AGRICOLES

La Corporation agricole, mutuelle obligatoire de tous les agriculteurs.

Législation. — L'assurance agricole contre les accidents du travail est réglé dans le troisième livre du Code des Assurances Sociales (C. A. S.) du 19 juillet 1911, entré en vigueur le 1er janvier 1913 et substitué à la loi du 30 juin 1900 concernant l'assurance contre les accidents dans les exploitations agricoles et forestières. Une loi locale du 5 août 1912 a organisé cette assurance pour l'Alsace et la Lorraine.

Etendue de l'assurance. — Toutes les exploitations agricoles et forestières sont assujetties à l'assurance. Les réparations courantes aux bâtiments d'exploitation agricole, les travaux de culture et autres afférents à l'exploitation, tels que l'établissement et l'entretien de chemins (1) digues, canaux et cours d'eau, sont considérés comme dépendant de l'exploitation agricole du moment que le cultivateur en est l'entrepreneur.

L'horticulture, l'entretien des parcs et jardins et l'exploitation des cimetières sont également considérés comme exploitations agricoles.

L'assurance s'étend en outre, aux exploitations annexées à une entreprise agricole dans le cas où elles sont en rapports avec celle-ci au point de vue économique ; telles sont les laiteries, fromageries, distilleries, les entreprises de voiturages, de moulins, de battage à la machine, de carrières de sable et de gravier, etc., à l'exception toutefois des exploitations spéciales mentionnées au § 919 du C. A. S. : mines, salines, hauts-fourneaux, etc. et des entreprises assimilées aux fabriques en raison de leur importance.

---

(1) Si la charge de construire les chemins incombe à la commune, les personnes occupées aux attelages ou qui font besogne de manœuvres sont à considérer sans exception comme ouvriers occupés dans cette exploitation et ne sont pas en principe assurés par la Corporation agricole, mais auprès de la Corporation des Industries du Bâtiment à laquelle les communes exécutant les travaux en question doivent présenter, dans un délai prescrit, un état des journées de travail et des salaires payés de ce chef. Si par contre la charge de construire les chemins incombe à l'État ou aux départements, c'est l'État qui doit se charger de l'assurance-accident et le règlement des prestations en résultant a été confié à l'Office Général des Assurances Sociales dans les conditions spécifiées au Titre A.

Du fait qu'ils sont occupés dans une exploitation agricole, sont assurés contre les accidents :

1° Tous les ouvriers, aides, compagnons ou apprentis ;

2° Les ouvriers techniques ayant accompli une période d'étude ou de formation professionnelle (gardes, jardiniers, meuniers, charrons, briquetiers, distillateurs, machinistes, chauffeurs) ;

3° Les employés d'exploitation dont le gain annuel ne dépasse pas 15.000 francs. (Les statuts peuvent toutefois élever cette limite).

Les membres de la famille occupés dans l'exploitation familiale jouissent en ce qui concerne l'assurance agricole des mêmes avantages que les personnes énumérées ci-dessus.

L'article 2 de la loi d'exécution du C. A. S. du 5 août 1912 a, en outre, étendu l'assurance à tous les chefs d'exploitations agricoles ou forestières.

Dispositions spéciales concernant les prestations des 13 premières semaines dans l'assurance agricole. — Tandis que dans l'industrie, les ouvriers et employés assujettis à l'assurance-accidents sont généralement affiliés à une caisse-maladie, le personnel, occupé dans l'agriculture, assujetti à cette assurance comprenant des catégories plus variées de travailleurs, resterait souvent, si la loi n'y mettait ordre, sans aucun secours, durant les treize premières semaines après l'accident en tant qu'il ne bénéficie point des prestations de la caisse-maladie. Tel serait notamment le cas des personnes ne travaillant qu'exceptionnellement comme aide dans l'exploitation assurée d'un autre exploitant, des membres de la famille de ce dernier, etc. Aussi, dans ces cas, la loi stipule-t-elle que la commune du lieu d'occupation est tenue de fournir des secours de maladie, conformément au § 182 du C. A. S., pendant les treize premières semaines qui suivront l'accident.

Institutions de l'Assurance. — Pour chacun des trois départements de l'Alsace et Lorraine il a été créé une Corporation agricole spéciale. En leur qualité d'Institutions d'assurances, ces Corporations comprennent comme membres tous les chefs des exploitations assurées ayant leur siège dans le département.

Nous renvoyons, en ce qui concerne l'organisation et le fonctionnement de ces Corporations, à ce qui a été dit au Titre A.

Cotisations. — Les Corporations ont à pourvoir à la constitution de fonds nécessaires à leurs dépenses, par le moyen de cotisations suffisantes, pour couvrir les besoins de l'année. Les principes d'après lesquels ces sommes doivent être perçues, sont déterminés dans la loi d'exécution du C. A. S. du 5 août 1912. Selon les dispositions de cette loi, il y a lieu de distinguer deux modes de fixation des cotisations :

1º Pour les ouvriers non spécialisés et les chefs d'exploitations agricoles comportant la mise en valeur du sol, la répartition des cotisations a lieu pour chaque commune d'après la superficie de ses différentes cultures (champs, jardins, vignes, pâturages, forêts). La cotisation est déterminée en fonction du nombre moyen de journées de travail nécessitées par la culture d'un hectare de terre de chaque catégorie de culture du gain annuel moyen des ouvriers agricoles fixé pour chaque arrondissement par les Offices supérieurs d'assurance et s'il y a lieu d'un cœfficient de risque spécial.

Le montant total des cotisations, fixé pour toute la commune est réparti, en tant qu'il n'est pas couvert par le produit de la location de la chasse, sur tous les contribuables de la commune, sur la base du revenu foncier net ; il est recouvré en même temps que les impôts fonciers.

2º Pour les employés d'exploitation et les ouvriers spécialistes, la cotisation est établie sur la base de rôles spéciaux. Il en est de même pour les exploitations accessoires d'une exploitation agricole ou celles ne comportant pas de mise en valeur du sol. Les cotisations dûes pour les employés d'exploitation et spécialistes sont établies en tenant compte de leur salaire effectif.

Pour cette assurance, comme pour l'assurance industrielle, le personnel salarié régulièrement occupé (domestiques, journaliers, etc.) dans les exploitations agricoles et qui, ne cultivant ni terres possédées en propre, ni terres prises en bail, n'a à verser aucune cotisation. Les propriétaires fonciers ou les patrons ont donc seuls à en supporter la charge, l'État ne contribuant en rien aux cotisations exigées à ce sujet.

Tableau 1

ACCIDENTS

(Période de 1889 à 1921 inclusivement)

NOMENCLATURE	BAS-RHIN		HAUT-RHIN		MOSELLE		ALSACE et LORRAINE	
	Période 1889-1918	Période 1919-1921	Période 1889-1918	Période 1919-1921	Période 1889-1918	Période 1919-1921	Période 1889-1918	Période 1919-1921
Accidents pour lesquels une déclaration a été reçue au cours des exercices	42 800	3 874	19 882	2 314	21 421	2 368	84 103	8 556
Personnes ayant été indemnisées pour la première fois au cours des exercices	27 868	2 696	12 986	1 628	11 848	1 640	52 702	5 964
dont :								
Hommes adultes	17 439	1 648	9 529	1 158	7 703	992	34 671	3 798
Femmes adultes	9 514	970	3 096	426	3 667	567	16 277	1 963
Hommes adolescents	709	56	307	38	401	67	1 417	161
Femmes adolescentes	206	22	54	6	77	14	337	42
Décès	1 073	101	803	94	646	72	2 522	267

Tableau 2

PRESTATIONS ACCORDÉES

par les trois Corporations agricoles d'Alsace et de Lorraine dans la période de 1889 à 1921 y compris le traitement curatif, les rentes aux blessés et indemnités aux survivants :

(En marks pour les années 1889 à 1918 et en francs pour les années 1919 à 1921.

NOMENCLATURE		Bas-Rhin	Haut-Rhin	Moselle	Alsace et Lorraine
Secours aux blessés en période d'attente	Mk.	172 367,66	7 915,12	33 735,16	214 017,94
	Fr.	60 556,08	1 569,75	9 008,09	71 135,03
Traitement curatif — Soins à domicile	Mk.	183 775,59	123 512,28	155 928,33	463 216,20
	Fr.	66 220,74	40 761,12	95 018,07	202 000,93
Frais de traitement et d'hospitalisation	Mk.	473 796,02	187 750,91	321 987,32	983 534,85
	Fr.	128 171,30	49 648,78	80 302,13	258 122,21
Prestations pécuniaires en cas d'hospitalisation de la victime :					
Rentes aux conjoints	Mk.	17 081,87	5 795,68	9 940,92	32 678,13
	Fr.	3 652,39	1 115,54	1 514,13	6 281,90
Rentes aux enfants et petits-enfants	Mk.	23 560,24	8 290,35	10 121,68	41 972,08
	Fr.	4 129,88	2 541,81	1 193,80	7 865,23
Rentes aux ascendants	Mk.	37,91	34,33	496,60	569,31
	Fr.	17,65	—	166,66	184,31
Rentes accordées aux accidentés	Mk.	9 670 807,78	5 500 687,31	5 934 770,42	21 106 315,59
	Fr.	2 156 098,55	1 454 152,38	1 887 739,33	5 497 990,56
Rachats des rentes d'un taux maximum de 20%	Mk.	9 959,94	29 470,59	10 707,19	50 137,74
	Fr.	47 899,36	4 034,15	25 862,19	77 796,55
Rachats de rentes aux étrangers résidant à l'étranger	Mk.	—	5 351,55	7 661,83	13 013,38
	Fr.	—	540,00	—	540,00
Indemnités funéraires	Mk.	53 358,54	37 613,00	31 008,42	121 979,96
	Fr.	9 296,35	8 923,16	7 543,00	25 763,15
Rentes aux veuves (veufs) des accidentés	Mk.	623 701,58	467 905,64	359 084,87	1 450 692,09
	Fr.	174 950,29	143 397,73	109 251,46	427 599,48
Rentes aux enfants et petits-enfants des accidentés	Mk.	446 743,68	363 156,84	275 752,85	1 097 648,17
	Fr.	81 256,71	73 540,45	60 807,02	215 903,19
Rentes aux ascendants des accidentés	Mk.	11 599,79	4 046,25	11 845,20	27 491,24
	Fr.	4 271,80	2 817,65	2 001,55	9 091,29
Rachats des rentes de veuves en cas de remariage	Mk.	17 015,93	13 432,55	11 648,56	42 096,06
	Fr.	8 451,09	6 221,15	656,25	15 328,49
Total	Mk.	11 705 755,31	6 756 822,82	7 182 689,66	25 645 267,79
	Fr.	2 744 870,22	1 789 265,17	2 281 964,86	6 816 100,25

Tableau 3

PRESTATIONS TOTALES

des trois Corporations agricoles d'Alsace et de Lorraine dans la période de 1889 à 1921 inclusivement

(En marks pour les années 1889 à 1918 et en francs pour les années 1919 à 1921)

NOMENCLATURE		Bas-Rhin	Haut-Rhin	Moselle	Als. et Lor.
Attributions au fonds de réserve	Mk.	230 287,21	130 345,75	143 669,75	504 303,71
	Fr.	68 493,05	44 118,20	48 430,30	161 041,55
Frais totaux occasionnés par la prévention des accidents et la surveillance de l'exécution des règlements de prévention	Mk.	61 710,88	11 308,12	65 167,58	138 186,58
	Fr.	20 442,36	392,40	21 702,50	42 537,21
Frais matériels d'administration (loyer, chauffage, éclairage, nettoyage des bureaux, imprimés, inventaires, affranchissement, etc.)	Mk.	532 189,52	422 491,97	458 020,45	1 412 701,94
	Fr.	148 683,42	103 806,11	113 096,74	365 586,27
Frais d'administration (indemnité pour perte de temps des organes de la corporation, traitements des employés, etc.)	Mk.	709 496,26	524 608,95	711 786,65	1 945 891,86
	Fr.	310 360,00	202 159,18	260 911,88	773 431,06
Frais de secours accordés aux blessés pendant la période d'attente	Mk.	172 367,66	7 915,12	33 735,16	214 017,94
	Fr.	60 555,08	1 569,95	9 008,00	71 133,03
Total des indemnités	Mk.	11 536 898,91	6 748 499,73	7 146 503,51	25 431 902,15
	Fr.	2 744 852,20	1 789 273,50	2 281 965,42	6 816 091,12
Frais de procédure devant les Offices supérieurs et l'Office général	Mk.	89 167,97	59 010,52	69 010,87	217 189,36
	Fr.	4 968,15	2 360,85	1 386,01	8 715,00
Frais d'enquête, de fixation de l'indemnité et du contrôle des rentiers	Mk.	735 226,24	325 094,45	468 174,73	1 528 495,42
	Fr.	187 800,52	103 255,03	132 264,80	423 320,35
Amortissement de la dette flottante contractée en 1909	Mk.	194 599,36	104 102,65	113 071,78	411 773,79
	Fr.	91 218,15	48 798,15	43 489,70	183 505,80
Total	Mk.	14 261 944,41	8 333 378,26	9 213 140,08	31 804 462,75
	Fr.	3 637 373,17	2 295 738,37	2 912 254,84	8 845 361,38

Conclusions

Au point de vue tant de la prévention des accidents que de la réparation du dommage causé aux victimes, il n'est pas exagéré de dire que les Corporations d'assurance exercent en Alsace et Lorraine un rôle d'une portée sociale de premier ordre, susceptible de s'accroître encore dans l'avenir, par les placements que ces Institutions seront susceptibles d'effectuer. Aussi leur action est-elle hautement appréciée par la population des trois départements. Il faut chercher les raisons de cet attachement des travailleurs alsaciens au régime local autant dans les prestations que celui-ci leur offre en cas d'accident, que dans les garanties résultant de l'institution même de l'assurance obligatoire.

Néanmoins l'organisation locale de l'assurance-accidents ne répondant pas au régime institué dans la métropole par la loi du 9 avril 1898, les chefs des entreprises métropolitaines ou locales faisant exécuter des travaux passagers au delà de l'ancienne frontière (et par conséquent en dehors du domaine d'application de la loi du siège de leur exploitation) des conflits de juridiction peuvent naître à l'occasion du règlement d'accidents survenus au cours desdits travaux. Un avant-projet de loi actuellement à l'étude a été préparé en vue d'y mettre un terme et d'adapter à cet égard les dispositions des deux législations en présence, en attendant qu'il soit possible de procéder à une assimilation plus complète.

CHAPITRE VI

ASSURANCE DES EMPLOYÉS

La caisse d'assurance des employés en cas d'invalidité de vieillesse et de décès a Strasbourg

Introduction. — Après avoir étudié le fonctionnement de l'assurance invalidité-vieillesse, il nous reste à examiner l'assurance des employés régie par la loi du 20 décembre 1911, qui représente un développement important de l'assurance sociale.

L'attention du gouvernement s'était concentrée tout d'abord sur les dispositions législatives susceptibles d'améliorer la situation matérielle des ouvriers. L'assurance des employés donne une nouvelle directive à la politique sociale en assurant également aux classes moyennes une amélioration de leur existence et en leur garantissant la sécurité indispensable en cas d'invalidité, de vieillesse et de décès.

Aperçu historique et développement de la Caisse d'assurance des employés en cas d'invalidité, de vieillesse et de décès à Strasbourg. — Le recensement des professions effectué en Allemagne en 1882 évaluait à 307.268 le nombre des employés. Les recensements postérieurs accusaient :

pour 1895	....	621.825 employés.
— 1907	....	1.290.728 —

En raison de l'augmentation du nombre des employés, on a été amené à prévoir pour cette catégorie de personnes, une assurance spéciale obligatoire comme pour l'assurance des ouvriers, étant donné que les enquêtes effectuées auprès des assurances privées attestaient qu'elles ne s'assure volontairement qu'en très petit nombre ou bien à un âge trop avancé ce qui entraîne le paiement de cotisations proportionnellement trop élevées par rapport au salaire.

La loi sur l'Assurance des employés, promulguée le 20 décembre 1911, est entrée en vigueur le 1er janvier 1913. Comme il n'existait avant l'armistice qu'un seul établissement pour l'assurance des employés, aucun compte spécial n'avait été tenu pour l'Alsace et la Lorraine ([1]).

Au moment de l'armistice, il importait de procéder à la réorganisation de l'assurance des employés sur la base de la législation *locale* qui a été maintenue en vigueur par la loi du 17 octobre 1919.

Cette réorganisation a été effectuée en trois étapes :

1° Un administrateur-séquestre de tous les biens, meubles et immeubles, droits et intérêts, etc... appartenant à l'Etablissement d'Assurance des employés à Berlin fut nommé le 17 avril 1919. Il assura le fonctionnement de l'Assurance des Employés jusqu'à ce qu'il fut possible aux autorités d'envisager une réorganisation ayant un caractère plus stable et notamment de constituer une administration, appelée à garantir la continuation de l'assurance en Alsace et en Lorraine.

2° Un arrêté du 15 août 1919 institua un service chargé de l'administration de l'assurance des employés en créant les organes déterminés par la législation locale afin d'assurer une marche régulière des affaires. Depuis cette date, cette assurance a pris un développement considérable.

D'autre part, une loi du 19 avril 1921 a réglé provisoirement la situation des employés venus de l'intérieur de la France pour travailler en Alsace et en Lorraine après avoir été soumis précédemment à un autre régime d'assurance, ainsi que celle des employés alsaciens et lorrains travaillant dans l'intérieur de la France après avoir été assujettis antérieurement au régime d'assurance sociale en vigueur en Alsace et en Lorraine. Les dispositions contenues dans cette loi sont destinées à éviter de trop fortes charges pour le budget des assurés par le fait d'une double assurance et à sauvegarder leurs droits résultant des cotisations versées à leur compte d'assurance primitif.

3° Enfin un décret du 29 mars 1922 a donné la personnalité juridique au service de l'assurance des employés transformé à partir du

---

([1]) Il nous parait opportun de mentionner ici que les institutions et les œuvres sociales en général étaient florissantes dans les provinces reconquises déjà *avant* 1870 à l'époque où Pasteur préparait à Strasbourg ses merveilleuses découvertes scientifiques. L'Alsace surtout était à la tête des grandes régions industrielles françaises et c'est précisément dans le Haut-Rhin que les belles initiatives dont l'Allemagne s'empara après le Traité de Francfort pour ensuite les simplifier et les étendre à tout l'Empire notamment pour parer au mouvement socialiste, ont pris naissance. En cherchant à introduire dans les institutions françaises les principes de la législation sociale locale, le Gouvernement français ne fait que s'inspirer d'idées et d'expériences nettement françaises. Les autorités françaises ont répété maintes fois sur la terre d'Alsace que parmi les dispositions qui nous régissent, il en est qui méritent de servir d'exemple à l'intérieur du pays et que, loin de nous en priver, il faudra en doter la France entière ; parmi celles-ci se trouvent en première ligne nos belles institutions d'Assurances sociales, devenues si populaires.

1er mai 1922, en une *Caisse d'Assurance en cas d'invalidité, de vieillesse et de décès.*

Ce décret eut également pour objet de modifier les classes de salaires et le taux des cotisations.

Etat actuel de l'assurance des employés. — Etendue de l'assurance. — L'assurance des employés est obligatoire pour :

a) Les employés occupant un poste de direction, s'il constitue leur occupation principale ;

b) Les employés d'exploitation, contremaîtres et autres employés occupant une situation analogue ou plus élevée, quelle que soit leur formation professionnelle, les employés de bureau en tant que leur travail n'est pas d'ordre inférieur ou uniquement mécanique et si cette occupation constitue leur emploi principal ;

c) Les employés de commerce et les aides-pharmaciens ;

d) Les membres d'une troupe de théâtre ou d'un orchestre, quelle que soit la valeur artistique de leur activité professionnelle ;

e) Les professeurs et précepteurs.

Pour être assurées les personnes exerçant les emplois énumérés ci-dessus doivent remplir les conditions suivantes :

1° Leur capacité de travail ne doit pas être inférieure à la moitié de la normale ;

2° Elles doivent être occupées à titre salarié ;

3° Leur rémunération annuelle ne doit pas excéder 12.000 francs ;

4° Elles doivent avoir au moins 16 ans accomplis ;

5° Elles ne doivent pas avoir dépassé l'âge de 60 ans.

Exemption de l'assurance — Les personnes ayant, en vertu de leur occupation, un droit au bénéfice éventuel d'une retraite de la part de l'Etat, d'une union communale, d'une commune ou d'une institution d'assurance sociale, ainsi qu'un droit à une rente en faveur des survivants, sont exemptées d'office de l'Assurance des employés.

En outre les personnes bénéficiant d'une retraite ou pension peuvent, sous certaines conditions et après une requête présentée au Comité des Rentes, être exemptées de l'assurance des employés.

Enfin, les employés en faveur desquels un contrat d'assurance-vie a été contracté avant le début de leur occupation astreinte à l'assurance *peuvent*, s'ils remplissent certaines *conditions*, *demander* à être exemptés du versement de leur part personnelle de cotisations.

Assurance continuée. — Les assurés qui pour une raison quelconque cessent d'être soumis à l'assurance des employés peuvent continuer leur assurance à titre facultatif, à condition qu'ils aient préalablement effectué au moins 6 mois de versement de cotisations à titre obligatoire.

Carte d'admission et carte-quittance. — Les personnes astreintes à l'assurance des employés sont tenues de se faire établir par le bureau de distribution compétent ([1]) une carte d'admission indiquant leur âge, l'état civil de leur famille et le montant de leurs émoluments afin de recevoir une carte-quittance sur laquelle l'employeur aura à porter régulièrement les versements opérés par ses soins pour le compte de l'employé. Les Caisses de malades sont également autorisées à établir les cartes d'admission et les cartes-quittance. En outre, il est créé à Mulhouse un bureau permanent de la Caisse d'assurance des employés qui établit également les cartes d'admission et les quittances.

Classe de traitement et cotisations — Les cotisations exigibles sont réparties conformément au barème suivant :

Classe A.	jusqu'à 1.800	fr.	9 20	par mois.
— B.	de plus de 1.800 à 2.700		13 80	—
— C.	— 2.700 à 3.600		19 40	—
— D.	— 3.600 à 4.500		25 »	—
— E.	— 4.500 à 5.400		29 60	— ([2])
— F.	— 5.400 à 6.300		34 »	—
— G.	— 6.300 à 7.200		36 »	—
— H.	— 7.200 à 8.100		38 »	—
— I.	— 8.100 à 12.000		40 »	—

Les personnes soumises à l'assurance des employés dont la rémunération annuelle n'excède pas 5.400 francs sont également astreintes à l'assurance-invalidité. Cependant les cotisations exigibles à ce titre sont comprises dans le barème des cotisations dues en matière de l'assurance des employés, de sorte que le versement de la totalité des cotisations légales est effectué en une seule fois à la Caisse d'assurance des employés qui procède à la répartition.

Si l'assuré n'est occupé que pendant une certaine période du mois ou s'il travaille simultanément pour plusieurs employeurs, la cotisation s'élève à 7 % de la rémunération ou, si celle-ci dépasse 600 francs par mois, à 6 %, sans que la cotisation puisse excéder 40 francs.

([1]) A Strasbourg : A la Caisse d'assurance des employés et dans les Commissariats de Police ; à Metz et à Mulhouse : dans les Commissariats de Police ; pour les autres localités : dans les Mairies.

([2]) Pour les classes de A à E inclus, dans le montant des cotisations exigibles sont compris les timbres de cotisations de l'assurance-invalidité-vieillesse.

La cotisation doit être acquittée intégralement par les soins de l'employeur qui a la faculté d'effectuer sur les émoluments de son personnel astreint à l'assurance la retenue de la moitié de la cotisation.

L'employeur ayant négligé d'opérer la susdite retenue lors de son exigibilité légale, ne peut l'effectuer rétroactivement qu'en tant que celle-ci est afférente au mois en cours et au mois précédent, à moins que le retard ne soit imputable à la faute de l'employeur. L'ignorance des dispositions légales ne peut être invoquée par l'employeur pour excuser un retard dans le versement des cotisations.

Pour chaque premier versement effectué, en cas de changement du salaire ou de l'effectif de son personnel, l'employeur est tenu d'adresser à la Caisse d'assurance des employés sur un formulaire délivré par ladite Caisse un relevé détaillé faisant ressortir le mode de répartition des versements qu'il effectue.

Objet de l'Assurance et conditions pour l'obtention des prestations. — L'Assurance des employés a pour but d'accorder aux assujettis :

1° Une *retraite pour leur vieillesse ou une rente en cas d'incapacité de travail professionnel;*

2° Une *rente à leurs survivants.*

Le droit à la retraite existe pour les assurés qui ont dépassé l'âge de 65 ans ou sont atteints d'incapacité permanente de travail professionnel ou qui, sans être frappés d'incapacité permanente de travail, sont, par suite de maladie, incapables d'exercer leur profession depuis 26 semaines consécutives.

Pour avoir droit à la rente les intéressés doivent avoir accompli la période préparatoire et conservé leurs droits à la dite rente.

L'incapacité de travail professionnel est présumée exister lorsque la capacité de travail de l'assuré est devenue inférieure à la moitié de celle d'un assuré sain de corps et d'esprit ayant une instruction analogue et des connaissances équivalentes.

La *période préparatoire* est de 120 mois de cotisations pour les assurés du sexe masculin et de 60 mois de cotisations pour les assurés du sexe féminin.

La période préparatoire est portée à 150 mois de cotisations pour les assurés du sexe masculin et à 90 mois de cotisations pour les assurés du sexe féminin, si en cas de continuation facultative de l'assurance, les mois de cotisations accomplis à titre obligatoire n'atteignent pas au moins le chiffre de 60.

Le droit à la rente s'éteint si pendant la période de 10 années civiles suivant l'année pendant laquelle la première cotisation a été effectuée, l'assuré n'a pas accompli au moins 8 mois de cotisations par année civile et si les mois de cotisations acquittés après cette période de 10 ans, n'atteignent pas au moins le chiffre de 4 par année civile.

Les assurés *volontaires* peuvent maintenir leurs droits après l'accomplissement de 120 mois de cotisations, moyennant le versement d'une taxe de rappel de 6 francs par année civile.

Retraite et rentes — La *retraite annuelle* se compose du quart de la valeur des 120 premières cotisations et du huitième des cotisations suivantes.

Pour les assurés du sexe féminin, n'ayant pas accompli 120 mois de versement mais ayant effectué au moins 60 mois de cotisations obligatoires la rente est fixée au quart des 60 premières cotisations.

Les survivants des assurés ont droit à une *rente de veuf ou de veuve*, à condition que la période préparatoire soit accomplie et qu'il n'y ait pas forclusion des droits acquis par l'assuré.

Après le décès d'un assuré, sa conjointe a droit à une rente de veuve.

Au décès d'un assuré du sexe féminin marié qui subvenait exclusivement ou principalement à l'entretien de sa famille en raison de l'incapacité de travail de son conjoint, une *rente d'orphelins* est allouée aux enfants jusqu'à leur dix-huitième année et une rente de veuf est accordée à l'avant droit aussi longtemps qu'il est dans la même situation.

La rente de veuf ou de veuve est égale aux 2/5 de la retraite que touchait ou qu'aurait touchée la personne assurée.

La rente d'orphelins s'élève à 1/5, celle d'orphelins de père et mère au tiers du montant de la rente de veuve.

Une rente d'orphelins est accordée jusqu'à l'âge de 18 ans aux enfants légitimes d'un assuré du sexe masculin décédé et aux orphelins, même illégitimes d'un assuré du sexe féminin.

Pour le *décompte des cotisations*, sont considérés comme mois de cotisations les mois civils pour lesquels une cotisation aura été versée. Il suffit d'ailleurs qu'une cotisation ait été versée pour une partie du mois seulement.

Sont également portés en compte comme mois de cotisations pour le maintien des droits aux prestations de l'assurance (à condition que l'assuré ait accompli auparavant au moins un mois de cotisations), tous les mois civils pendant lesquels il était :

a) appelé à faire son service militaire obligatoire ;

b) engagé volontaire en temps de mobilisation ou de guerre ;

c) empêché temporairement d'exercer sa profession par suite d'une maladie ayant provoqué une incapacité de travail professionnel ;

d) Inscrit à une école par l'Etat en vue de parfaire son perfectionnement professionnel ;

e) en captivité civile pendant la guerre ;

f) occupé pendant la guerre de 1914-1918 dans un service auxiliaire obligatoire, sans être astreint à l'assurance ;

g) domicilié dans les régions de Haute-Alsace occupés avant l'armistice et n'ayant de ce fait pas cotisé pendant la période du 1er août 1914 au 31 décembre 1918 ;

h) exempt temporairement de l'assurance par l'obtention d'une rémunération supérieure à la limite maximum légale en vigueur, à condition qu'en vertu des dispositions ultérieures augmentant cette limite, l'intéressé soit appelé de nouveau à profiter des avantages de l'assurance.

Jusqu'au 1er janvier 1928 la moitié des cotisations effectuées à titre obligatoire et les 3/4 des cotisations versées par un assuré à titre facultatif seront, en cas de décès de l'assuré, remboursés au conjoint ou aux enfants de moins de 18 ans, si un droit aux prestations légales (rente de veuf ou de veuve, ou d'orphelins) ne peut être invoqué.

Certaines *allocations particulières* résultant d'une assurance d'employés du sexe féminin, sont en outre prévues, savoir :

1° un remboursement de cotisations aux assurés quittant pour cause de mariage leur occupation astreinte à l'assurance après l'accomplissement d'au moins 60 mois de cotisations obligatoires ;

2° un remboursement de cotisations aux survivants d'une assurée décédée, après l'accomplissement d'au moins 60 mois de cotisations obligatoires, sans avoir bénéficié de l'assurance ;

3° une rente viagère pour les assurés quittant leur occupation pour une raison quelconque après avoir accompli au moins 6 mois de cotisations.

Traitement curatif. — La Caisse d'assurance des employés peut, afin d'éviter une incapacité de travail professionnel menaçant un assuré par suite d'une maladie, accorder à cet assuré un *traitement curatif*. Il en est de même s'il est à présumer qu'un traitement curatif peut rétablir la capacité de travail d'un retraité. La famille des assurés subissant un traitement curatif peut, en cas de nécessité, bénéficier pendant le séjour du malade dans un sanatorium d'une allocation familiale qui s'élève en général au moins à 3/20 par jour de la cotisation mensuelle versée en dernier lieu et qui est susceptible d'augmentation en proportion du nombre et de l'âge des enfants de l'assuré [1]. Si ce dernier fait partie d'une Caisse de malades, il bénéficiera en outre des allocations de cette

[1] 1/20 par enfant à partir du troisième enfant.

caisse, le Service d'Assurance des employés ne restreignant à ce sujet aucune de ses allocations.

Le traitement curatif est à l'heure actuelle une des principales prestations de la Caisse d'assurance des employés. Désirant faire bénéficier les assurés de tous les bienfaits que l'on peut obtenir par la cure climatérique, elle a créé dans les Vosges plusieurs sanatoria destinés à recevoir les membres de la Caisse auxquels un séjour d'altitude est considéré comme pouvant contribuer à rétablir leur santé.

Actuellement l'assurance possède les sanatoria suivants : celui de *Salem-Freland* (Haut-Rhin) réservé aux assurés hommes atteints d'une maladie des voies respiratoires, comportant 65 lits ; celui de *La Broque* (Bas-Rhin) réservé au traitement de toutes les maladies nerveuses, pouvant recevoir 70 malades, enfin l'établissement de *Rubsamen-Auburc* susceptible d'hospitaliser 45 malades et qui est réservé aux assurées femmes atteintes d'une affection des voies respiratoires. Des traitements curatifs sont également accordés dans d'autres établissements.

La Caisse possède deux autres sanatoria en voie de reconstruction ou d'aménagement. Ce sont : le sanatorium de *Masevaux* remis à neuf et destiné à remplacer celui de Rubsamen, il fonctionnera très prochainement et comportera une centaine de lits ; enfin un autre sanatorium comprenant environ 150 lits est en voie d'aménagement à l'*Altenberg*.

Les organes de l'assurance des employés et la procédure. — *L'établissement de la Caisse d'assurance des employés* comprend les 4 organes suivants :

1° Un Comité de direction ;

2° Un Conseil d'administration ;

3° Un Comité des Rentes ;

4° Les hommes de confiance.

Le *Comité de direction* se compose de 6 membres, un président et un président suppléant nommés par M. le Commissaire général de la République, deux délégués des assurés et deux délégués des employeurs occupant du personnel assuré. Chaque délégué a un suppléant.

Le Comité de direction est appelé à représenter et à gérer la Caisse d'Assurance des employés en cas d'invalidité, de vieillesse et de décès, à Strasbourg. Il est tenu dans certaines matières de demander (notamment en ce qui concerne des questions budgétaires) l'avis du Conseil d'administration.

Le *Conseil d'administration* (institué en vertu des articles 108 et suivants de la loi du 20 décembre 1911) comprend 3 employeurs et

3 assurés, dont chacun a son suppléant. Il est présidé par le président du Comité de direction ou son suppléant.

Le *Comité des Rentes* (prévu par les articles 122 et suivants de la loi du 20 décembre 1911) comprend un président nommé par le Commissaire général de la République et 6 assesseurs, moitié employeurs, moitié employés. Il lui appartient d'établir les prestations en matière d'assurance des employés. Toute demande de prestation doit lui être soumise.

Les *hommes de confiance* qui exercent leur fonction à titre honorifique et auxquels il n'est remboursé que le montant effectif de leurs débours, sont élus moitié parmi les employés, et moitié parmi les patrons d'employés assurés ; en général ils sont au nombre de six (plus six suppléants) pour la circonscription d'un arrondissement.

Dans l'intérêt d'une marche plus efficace des affaires et à titre de simplification, il fut proposé aux hommes de confiance, élus en 1912, de se réunir en Comités locaux, ce qui était de nature à restreindre, dans la mesure du possible, les frais d'administration.

Les *Comités locaux* et les hommes de confiance sont chargés de guider les assurés et de faciliter leurs rapports avec les organes de l'assurance, de les renseigner, de rédiger leurs requêtes et finalement d'instruire les demandes de prestations adressées au Comité des Rentes.

Les *organes de juridiction* sont : le *Comité des Rentes*, qui statue en premier ressort sur toutes les demandes de prestations ainsi que sur les litiges et différends survenant en la matière, le *tribunal d'arbitrage* et le *tribunal supérieur d'arbitrage*.

Les attributions contentieuses données par la loi du 20 décembre 1911 aux tribunaux susvisés sont exercées actuellement par les Offices supérieurs d'assurances sociales (à Strasbourg, Metz et Mulhouse) et par l'Office général des assurances sociales d'Alsace et de Lorraine à Strasbourg.

Les décisions des Offices supérieurs sont rendues, après débats oraux, par un conseil de contentieux composé du président ou de son suppléant, de deux représentants des employeurs et de deux délégués des employés assurés.

Celles de l'Office général sont prises en dernière instance par un conseil composé du président, d'un conseiller à l'Office général des Assurances sociales, d'un magistrat ainsi que d'un représentant de chacun des deux groupes des employeurs et des employés assurés.

Il est du devoir non-seulement des autorités publiques, mais également de tout assuré et de tout employeur d'étudier la loi sur l'Assurance des employés, d'en examiner les avantages et d'en rechercher les points défectueux. Ce n'est qu'avec le concours de tous les intéressés que cette assurance, toute nouvelle, pourra compléter le cycle de la législation de prévoyance sociale en vigueur en Alsace et en Lorraine et au besoin servir à ébaucher dans l'avenir des réformes susceptibles d'être étendues en dehors des anciens pays annexés.

Renseignements statistiques. — D'après les statistiques de 1922, le nombre total des assurés est de 22000 pour les hommes et de 13000 pour les femmes, leur répartition par âge est la suivante :

Répartitions
par âge des assurés

Age	Hommes	Femmes	Age	Hommes	Femmes
16	66	156	41	440	130
17	286	468	42	462	117
18	506	650	43	440	104
19	638	832	44	418	91
20	726	871	45	418	91
21	682	871	46	374	91
22	726	923	47	374	65
23	836	845	48	374	52
24	858	767	49	374	65
25	858	754	50	242	52
26	814	650	51	242	39
27	814	598	52	264	39
28	770	546	53	242	26
29	660	455	54	264	26
30	704	364	55	242	26
31	616	351	56	242	13
32	616	286	57	198	13
33	594	234	58	198	13
34	572	260	59	154	13
35	528	221	60	132	13
36	550	182	61	132	13
37	528	156	62	110	13
38	506	156	63	110	13
39	506	130	64	66	13
40	484	130	65	44	13

ANNEXE

MODE DE CALCUL DES COTISATIONS DANS LES ASSURANCES SOCIALES

Le mode de calcul des cotisations est très différent dans les trois branches (maladie, accidents et invalidité-vieillesse) des assurances sociales d'Alsace et de Lorraine. Ce mode dépend du régime financier de chacune d'elles, régime qui doit autant que possible s'adapter à la nature des risques qu'elles ont à couvrir.

Un exposé sommaire des différents systèmes est donné ci-après ; il n'a aucun caractère technique et constitue un simple aperçu sur le mécanisme pratique que le Code d'assurances sociales impose à chaque branche d'assurance. Il y a lieu simplement de rappeler que les régimes financiers des institutions d'assurances se ramènent tous, soit à une capitalisation des ressources (Caisse d'assurance des employés, succursales des Corporations accidents), soit à une répartition des charges annuelles (Caisses-maladie), soit enfin à un système mixte de capitalisation-répartition avec prédominance de l'une ou de l'autre (Instituts d'assurance invalidité-vieillesse, Corporations accidents). Chaque système a ses avantages et ses inconvénients, mais leur choix dépend dans une certaine mesure de la nature de l'assurance ; notamment, lorsqu'il y a constitution de rentes viagères, l'adoption d'un système de répartition pur et simple exige des cotisations croissantes avec le temps, très minimes au début, mais qui en période de roulement atteignent des taux très élevés. C'est pour ce motif que les assurances qui contractent des engagements à longue échéance et accordent des rentes viagères, se trouvent dans la nécessité de constituer des réserves plus ou moins importantes afin de pouvoir maintenir une cotisation à peu près constante ou de ne faire croître cette cotisation dans une mesure beaucoup plus faible que celle qu'exigerait la répartition.

A. Assurance-maladie

Le risque à couvrir par cette assurance étant essentiellement temporaire (maladies et premières suites des accidents) et les dépenses annuelles étant, pour un même régime de prestations et une même population assurée, sensiblement les mêmes chaque année, il n'est pas nécessaire de se préoccuper des charges à venir et chaque exercice peut se suffire à lui-même. Par conséquent, dans cette assurance, il est inutile de constituer de fortes réserves et le système financier qu'il est logique d'adopter est celui de la répartition des charges annuelles.

La cotisation réclamée par l'Institution d'assurance (Caisse-maladie) est calculée en pour cent du salaire de base de telle façon qu'en y ajoutant les recettes accessoires elle puisse suffire à faire face aux charges annuelles. D'ailleurs, en vue de faire face à des charges tout à fait exceptionnelles résultant d'épidémies, etc., il est prévu la constitution d'un fonds de réserve qui doit atteindre la moyenne annuelle des dépenses des trois derniers exercices ; par suite, ce fonds, peu important, a plutôt le caractère d'une réserve de sécurité.

Le Code laisse à la « Délégation » de chaque Caisse-maladie une grande liberté pour fixer la cotisation et adapter prestations et cotisations aux conditions de salaire des assurés, mais il a établi des barrières pour éviter l'élévation exagérée des taux de cotisations. Ainsi la cotisation ne peut dépasser 4 1/2 % du salaire de base que dans les cas suivants :

a) Pour couvrir les prestations normales, fixées au minimum légal, lorsque l'application d'un taux inférieur ne permet plus de les assurer ;

b) Pour couvrir des prestations supplémentaires, pourvu que patrons et ouvriers de la Délégation, votant séparément, se prononcent dans le même sens, condition assez difficile à réaliser dans la plupart des cas.

L'élévation de la cotisation au-dessus de 6% du salaire de base exige des conditions encore plus rigoureuses et n'a lieu que tout à fait exceptionnellement.

Le *salaire de base* sur lequel repose la cotisation peut être fixé de quatre façons différentes :

1° Le salaire de base est fixé uniformément pour toutes les personnes pour lesquelles la Caisse est constituée.

Les *Caisses de corporations* appliquent en général cette méthode.

2° Le salaire de base est fixé en le graduant d'après une échelle de classes de salaire.

Cette méthode est appliquée dans les *Caisses locales*, dont chacune est libre de choisir l'échelle des classes de salaire suivant laquelle est gradué le montant des salaires de base, sous réserve de ne pas dépasser pour ces derniers le maximum de vingt francs.

3° Le salaire effectif de l'assuré est pris comme salaire de base.

Ce système est appliqué dans *un grand nombre de Caisses d'entreprises*. Il consiste à faire une retenue d'un pourcentage fixe sur le salaire effectif de chaque ouvrier au profit de la Caisse-maladie de l'entreprise. Le choix de ce pourcentage est laissé aux Caisses, dans les limites définies précédemment ; certaines Caisses se contentent de prélever 4 % des salaires effectifs, d'autres prélèvent jusqu'à 5 % et plus.

4° Le salaire local est pris comme salaire de base.

Est considéré comme salaire local la rémunération quotidienne courante dans une localité déterminée pour des ouvriers ordinaires occupés à la journée. L'Office Supérieur détermine et fait connaître les salaires locaux applicables dans sa circonscription.

La cotisation des travailleurs qui ne sont pas occupés d'une façon continue : travailleurs agricoles, travailleurs ambulants, travailleurs à domicile, est toujours fixée d'après cette méthode.

Exemple théorique

(dans le 2e cas) d'un calcul de cotisations pour une Caisse dont les dépenses annuelles totales sont évaluées à 2.500 000 fr.

Classe	Salaire hebdomadaire	Salaire de base hebdomadaire	Cotisation hebdomadaire 4,5% du salaire de base	Cotisation annuelle	Nombre des assurés	Recette maxima
	fr.	fr.	fr.	fr.		fr.
I	de 0 à 24	24	1,08	56,16	500	28.080
II	de 24 à 36	36	1,62	84,24	800	67.392
III	de 36 à 48	48	2,16	112,32	1.200	134.784
IV	de 48 à 60	60	2,70	140,40	1.500	210.600
V	de 60 à 72	72	3,24	168,48	2.000	336.960
VI	de 72 à 84	84	3,78	196,56	2.200	432.432
VII	de 84 à 96	96	4,32	224,64	2.400	539.136
VIII	de 96 à 108	108	4,86	252,72	2.100	530.712
IX	supérieur à 108	120	5,40	280,80	2.300	645.840
					15.000	2.925.936

On a calculé d'autre part, que le nombre moyen des semaines de travail se monte, pour l'ensemble des assurés, à environ quarante-sept.

La recette probable est donc de :

$$\frac{2.925.936 \times 47}{52} = 2.644.596 \text{ francs,}$$

somme qui est sensiblement égale au montant des dépenses que la Caisse aura vraisemblablement à effectuer dans le courant du prochain exercice. Si en fait, les ressources de la Caisse résultant de l'application du taux de 4,5 % ne suffisaient pas pour couvrir les dépenses sans entamer le fonds de réserve, il y aurait lieu ou bien d'augmenter ce taux, ou bien de diminuer les prestations qui seraient supérieures au minimum légal et cela jusqu'à ce minimum.

B. Assurance-accidents

Les risques à couvrir par cette assurance sont les conséquences de l'invalidité ou de la mort dues à des traumatismes. Les principales charges sont, par suite, constituées par des rentes viagères dans la majorité des cas et ces charges vont en croissant pendant les quarante à cinquante premières années du fonctionnement de l'assurance. Pour y faire face, l'assurance alsacienne-lorraine possède, pour la plupart des institutions, un régime de répartition avec constitution d'un fonds de réserve plus important pour les Corporations industrielles que pour les Corporations agricoles. Ce fonds de réserve a pour but d'empêcher les cotisations d'atteindre un montant trop élevé et de limiter ce montant, à partir d'une certaine date, à un taux intermédiaire entre celui que réclamerait un régime de capitalisation et celui qui résulterait d'une simple répartition. Alors que l'alimentation de ce fonds constitue au début une charge facilement supportable, puisque celle des rentes est faible, il vient plus tard au secours de l'assurance alors que la charge des rentes a augmenté considérablement. Cette intervention du fonds de réserve, en vue de stabiliser les cotisations, est prévue par le Code d'assurances sociales après trente-deux ans de fonctionnement pour les Corporations industrielles. Les Corporations possèdent donc un régime mixte avec prédominance de la répartition, surtout pour les Corporations agricoles.

La répartition des charges n'est pas d'ailleurs organisée comme dans l'assurance-maladie : il n'y a pas de fixation préalable de cotisation. Mais à la fin de chaque exercice, chaque Institution d'assurance répartit ses charges entre les différentes entreprises qui lui sont affiliées. Cette répartition a lieu pratiquement d'une façon assez différente dans l'agriculture et dans l'industrie.

Pour les *Corporations agricoles* les entreprises affiliées sont nombreuses, mais généralement de faible importance ; par suite, ces Institutions, pour simplifier leur travail et libérer les chefs d'entreprises du souci de l'établissement des déclarations de salaire, répartissent leurs charges sur la base du montant de l'impôt foncier. Dans ce but, la Direction des Contributions directes, fournit tous les ans aux Corporations agricoles un état qui fait ressortir, pour chaque commune, la superficie totale de chaque genre de culture. Les corporations fixent, pour chaque genre de culture, le nombre de journées de travail manuel nécessaire à la culture d'un hectare (chiffres de base). Elles fixent en même temps le tarif de risques. En multipliant ces chiffres de base par le chiffre des hectares imposés et les produits ainsi obtenus par la 300e partie du gain annuel moyen des ouvriers, on trouve le chiffre total des gains afférent à l'exploitation des divers genres de culture de l'ensemble de la circonscription communale. La multiplication de ce chiffre total des gains par les chiffres de risques donne la somme totale des unités de cotisations pour chaque commune.

Exemple :

Commune de X.

Données du cadastre de la commune :			Nombre de journées de travail reconnues nécessaires pour l'exploitation :		Montant de la 300e partie du gain annuel moyen	Total des salaires utilisés Col. 5 × col. 6	Chiffres de risques	Nombre des unités col. 7 × col. 8
Genre de cultures	Hectares	Total des hectares	d'un hectare par an	du total des hectares				
1	2	3	4	5	6	7	8	9
Terres labourables ……	557	—	—	—	—	—	—	—
Prairies ……	165	—	—	—	—	—	—	—
Jardins ……	13	735	100	73 500	8.35	613 725	1	613 725
Vignes ……	35	35	120	4 200	8.35	35 070	1	35 070
Pâturages ……	1	—	—	—	—	—	—	—
Terrains marécageux, terres en friches …	2	3	5	15	8.35	126	0,5	63
Bois et forêts .	305	305	7	2135	8.35	17 827	2	35 654
Sommes ……		1 078		79 850		666 748		684 512

On trouve donc pour la commune X... : 684.512 unités. En supposant, d'autre part, que pour l'ensemble des communes de la circonscription corporative, le nombre des unités soit de : 214.425.302 et que le total des cotisations à répartir se monte pour l'exercice écoulé à 1.351.075 francs, en divisant cette dernière somme par le nombre total des unités on trouve le « coefficient de répartition » au moyen duquel est déterminée la quote-part incombant à chaque commune.

1.351.075 : 214.425.302 = 0,0063
684.512 × 0,0063 = 4.312,42

Dans l'exemple ci-dessus la commune aurait donc à payer : 4.312 fr. 42.

La somme des cotisations est répartie entre les contribuables sur la base du produit net de l'impôt foncier ; toutefois, les communes sont autorisées à couvrir en tout ou en partie cette somme avec les revenus de la location de la chasse.

Dans les *Corporations industrielles*, les charges de chaque exercice sont à répartir entre les membres au prorata, d'une part, des salaires, et d'autre part, des coefficients de risques entrant en compte pour chaque entreprise.

A cet effet, la Direction régionale des postes, à Strasbourg, qui, conformément à l'article 726 du Code, est chargée du paiement des rentes et indemnités sur mandats des Corporations, fournit à ces Institutions, dans les huit semaines qui suivent la fin de chaque exercice, le compte des prestations payées dans le courant de l'année. A ces sommes sont ajoutées les autres dépenses (frais généraux, etc.), les cotisations de l'exercice antérieur qui n'ont pu être recouvrées, et, s'il y a lieu, les sommes à verser au fonds de réserve ; de ce total sont déduites les recettes diverses et le solde constitue la charge de l'exercice.

Chaque membre d'une Corporation est tenu de fournir dans les six semaines qui suivent chaque exercice, pour chaque branche de son industrie, l'état des salaires effectivement payés aux ouvriers ou à prendre en compte pour eux d'après l'article 570 du Code d'assurances sociales. Pour chaque entreprise affiliée les sommes de salaires correspondant aux diverses fabrications, exploitations, ou même, groupements de salariés du même métier, sont multipliées par les coefficients de risques qui leur sont respectivement applicables. Les produits ainsi obtenus constituent les « unités de cotisation » d'après lesquelles les charges sont réparties.

Exemple :

Corporation des industries du bâtiment

La Corporation des Industries du bâtiment étant subdivisée en trois sections, une pour chaque département, ses membres ont à contribuer non seulement aux charges communes de la corporation entière, mais en outre, aux charges spéciales de la section à laquelle ils appartiennent.

Pour l'exercice 1921 les chiffres entrant en compte pour la répartition des charges étaient les suivants :

	fr.
Charges communes à répartir sur la totalité des membres de la corporation	2.458.452,83
Salaires totaux	263.291.109,—
Somme totale des unités	3.534.330.672,—
Part de cotisation afférente aux charges communes pour chaque unité $\frac{2.458.452,83}{3.534.330.672}$ =	0,000.696.—

	fr.
Charges spéciales de la Section I, Bas-Rhin	79.945,16
Salaires déclarés pour cette Section	95.326.175.—
Total des unités pour cette Section	1.351.421.052,—
Part de cotisation afférente aux frais de la section pour chaque unité $\frac{79.945,16}{1.351.421.052}$ =	0,000.060.—

	fr.
Charges spéciales de la Section II, Haut-Rhin	51.462,61
Salaires déclarés par les membres de cette Section	91.361.806,—
Total des unités des membres de cette Section	1.232.284.183.—
Part de cotisation afférente aux frais de la section pour chaque unité $\frac{51.462,61}{1.232.284.483}$ =	0,000.042.—

	fr.
Charges spéciales de la Section III, Moselle	48.421,79
Salaires déclarés par les membres de cette Section	76.513.128,—
Total des unités des membres de cette section	950.625.137,—
Part de cotisation afférente aux frais de la Section pour chaque unité $\frac{48.421,79}{950.625.137}$ =	0,000.051.—

La part de cotisation par unité était donc

	fr.
pour les membres de la Section I, Bas-Rhin, de : 0,000.696 + 0.000.060 =	0,000.756.—
pour les membres de la Section II, Haut-Rhin, de : 0,000.696 + 0.000.042 =	0,000.738.—
pour les membres de la Section III, Moselle, de : 0,000.996 + 0.000.051 =	0,000.747.—

Voici quelques exemples montrant le calcul de la cotisation à payer par les membres de la Section I (Bas-Rhin), pour l'exercice 1921.

Professions	Salaires déclarés	Classes et coefficients de risques	Unités	Part de cotisation pour mille unités	Cotisation
	fr.				fr.
Bureau d'architecte.					
Architecte	10.000	A.1	10.000	0,756	7,56
Entreprise de construction.					
Employés	225.365	A.1	225.365		
Tailleurs de pierres .	17.903	F.6,5	116.370		
Serruriers	35.081	L.9	315.729		
Maçons	592.532	N.15	8.887.980		
Menuisiers	100.483	N.15	1.507.245		
Terrassiers	435.212	O.18,5	8.051.422		
Charpentiers	246.612	P.20	4.932.240		
Chauffeurs d'automobiles	34.825	U.35	1.218.875		
	11.688.013		25.255.226	0,756	19.092,95
Entreprise de couverture.					
Ferblantiers	7.806	J.8	62.448		
Couvreurs	24.123	T.32	771.936		
	31.929		834.384	0,756	630,80
Commerce de bois et scierie.					
Scierie	132.424	U.35	4.634.840		
Fabrique de planchettes	27.468	L.9	247.212		
	159.892		4.882.052	0,756	3.690,83

Succursale des corporations

Dans l'assurance-accidents il faut mettre à part deux organismes d'importance beaucoup plus faible que les corporations ; ce sont la succursale de la Corporation des industries du bâtiment et la succursale de la Corporation des métaux et transports. Ces deux Institutions assurent contre les accidents survenus par suite de travaux non industriels et de la détention non industrielle de montures et de véhicules. La seconde pratique la capitalisation avec calcul de primes comme les Institutions d'assurance privées. Quant à la première, elle pratique la capitalisation pour la couverture des charges provenant de travaux de longue durée et la répartition, sans constitution de fonds de réserve, pour la couverture des charges provenant des travaux de courte durée, charges qui sont supportées par les départements. Le calcul de la prime nécessaire à la constitution des réserves mathématiques se fait par les procédés ordinaires de la technique actuarielle.

C. Assurance-invalidité

Les risques à couvrir par cette assurance (invalidité morbide, vieillesse, mort) donnant lieu essentiellement à l'attribution des rentes le plus souvent viagères, il y a nécessité pour l'institution qui la pratique et qui contracte ainsi des engagements à très longue échéance, de constituer de fortes réserves et, par suite, de faire intervenir la capitalisation dans une mesure plus ou moins forte. S'il en était autrement, les générations futures devraient payer, en outre de leur assurance, une grande partie de celle des générations passées, ce qui serait injuste et constituerait pour les premières une charge très lourde. Ici le calcul de la cotisation ne peut se faire que par l'emploi de la technique actuarielle. Cette assurance est pratiquée par deux catégories d'Institutions qui ont un régime un peu différent : les Instituts d'assurance-invalidité-vieillesse et la Caisse d'assurance des employés.

a) Dans *l'assurance-invalidité-vieillesse-survivants*, la cotisation est calculée d'après un système dans lequel entre une grande part de capitalisation, mais la cotisation n'est pas échelonnée d'après l'âge. Il n'y a qu'une cotisation annuelle moyenne pour l'ensemble des assurés, cotisation déterminée de telle manière que la valeur de toutes les cotisations futures ajoutée au patrimoine couvre la somme nécessaire pour faire face à toutes les dépenses futures. Le montant de la prestation ne dépend pas uniquement de la cotisation capitalisée. Tout bénéfice de la Caisse provenant des pertes de droits d'assurés qui abandonnent volontairement l'assurance, ou de l'élévation du taux d'intérêt, profite aux autres assurés qui paient ainsi une cotisation moins élevée. Le montant de la cotisation nécessaire est contrôlé périodiquement par un bilan actuariel qui sert de régulateur. A la suite de ce bilan, l'administration peut provoquer une élévation des prestations ou une diminution des cotisations en cas d'excédent actuariel, et inversement en cas de déficit. Le régime financier de l'assurance se présente donc comme un système mixte de capitalisation-répartition, mais à l'inverse des Corporations accidents, il y a prédominance de la répartition sur la capitalisation. Comme l'assurance est obligatoire, il n'est pas nécessaire de créer un fonds de garantie aussi important que dans une compagnie d'assurance. Le fait de l'obligation représente lui-même une garantie et une sécurité. Par suite de cette obligation, on peut, dans le bilan actuariel, tenir compte non seulement du nombre des assurés existant à une date fixée, mais encore des personnes qui entrent chaque année dans l'assurance ou qui l'abandonnent parce qu'elles ne sont plus assujetties ou qu'elles ne se sont pas conformées aux dispositions légales permettant le maintien des droits acquis ; ces « entrées » et « sorties » ont une grande répercussion sur le montant de la cotisation comme l'exemple ci-dessous le fait ressortir :

Exemple théorique de Bilan actuariel.

1° Assurés existant au 1er janvier 19...

		fr.
Passif :	Capital de couverture des rentes en cours et des allocations supplémentaires	70.000.000,—
	Capital constitutif des rentes futures	450.000.000,—
	Valeur actuelle des frais de traitement curatif et d'administration	70.000.000,—
		590.000.000,—
Actif :	Fortune	50.000.000,—
	Valeur actuelle des cotisations futures : Nous désignons par C le montant de la cotisation annuelle moyenne. Le chiffre de 5.000.000 fr. représente la valeur actuelle des cotisations des assurés, en admettant une cotisation annuelle égale à 1 fr.—	5.000.000,— × C.

2° Entrées futures (personnes devenant assujetties)

Passif :	(Charges)	1.200.000.000,—
Actif :	(Recettes en cotisations)	15.000.000,— × C.

3° Sorties futures (autres que par décès et invalidité)

Passif :	(Charges que l'assurance n'aura pas à supporter)	990.000.000,—
Actif :	(Cotisations qu'elle ne recevra pas)	12.000.000,— × C.

En fondant les trois calculs en un seul on obtient :

Passif :		800.000.000 de francs.
Actif :	Fortune :	50.000.000 de francs.
	Cotisations :	8.000.000 de francs × C.

$$\text{La cotisation } C = \frac{800.000.000 - 50.000.000}{8.000.000} = 93 \text{ fr. } 75 \text{ par an.}$$

En se rapportant uniquement au nombre des assurés existant à la date de la détermination du bilan, on trouverait :

$$C_1 = \frac{590.000.000 - 50.000.000}{5.000.000} = 108 \text{ fr. par an.}$$

Le fait de tenir compte des entrées et sorties futures permet par suite de demander une cotisation inférieure à celle qu'il faudrait exiger des assurés actuels pour qu'ils couvrent eux-mêmes leur assurance.

b) Dans *l'assurance des employés* la méthode de calcul de la cotisation repose sur un système de capitalisation collective, le nombre des assurés qui est beaucoup plus faible que pour l'assurance-invalidité ne permet pas de tenir compte du principe de l'obligation et par suite des « entrées » et « sorties » des assurés. D'ailleurs, comme dans l'assurance-invalidité, tout bénéfice qui résulte pour la Caisse soit de pertes de droits, soit d'élévation du taux d'intérêt, profite aux assurés sous forme d'augmentation des prestations. Il y a une accumulation plus forte de capitaux, de sorte qu'une plus grande partie des dépenses annuelles est couverte par les intérêts de ces capitaux. L'assurance des employés se rapproche donc beaucoup plus du système des assurances privées que l'assurance-invalidité-vieillesse-survivants. Le calcul et le contrôle de la cotisation s'effectuent au moyen d'un bilan dressé comme celui de l'assurance-invalidité-vieillesse, mais en tenant compte uniquement des assurés actuels c'est-à-dire sans les corrections indiquées ci-contre sous secundo et tertio.

Conclusion

Ce rapide examen fait ressortir les différences notables dans le mode de calcul des cotisations pour les différentes branches de l'assurance sociale. Dans l'assurance-accidents, on ne paie pas de cotisation fixée d'avance : la charge des dépenses est répartie à la fin de chaque exercice. Dans l'assurance-maladie, les assurés paient une prime et cette prime est évaluée d'avance d'après la charge probable du prochain exercice. Dans l'assurance-invalidité-vieillesse-survivants, on a calculé une prime moyenne pour l'ensemble des assurés qui ne sert pas seulement à couvrir les charges d'une seule année, mais à constituer un fonds de capitalisation qui va croissant pour qu'en période de roulement, c'est-à-dire à partir du moment où le montant des rentes accordées est égal au montant des rentes supprimées, les charges soient couvertes en totalité par les intérêts de ce fonds et par les cotisations qui rentrent sans qu'il y ait lieu d'augmenter le taux de ces dernières.

On voit également que dans les assurances sociales des trois départements, les régimes de répartition sont nettement prédominants : les inconvénients qu'ils peuvent présenter en grevant l'avenir sont d'ailleurs notablement diminués par la constitution de réserves importantes ; ils sont en outre atténués par le caractère obligatoire de l'assurance qui permet d'établir une solidarité étroite entre les différentes générations.

TABLE DES MATIÈRES

Pages

CHAPITRE III

L'assurance-maladie

I. — ÉVOLUTION HISTORIQUE DE L'ASSURANCE OBLIGATOIRE CONTRE LA MALADIE

II. ÉTAT ACTUEL DE L'ASSURANCE-MALADIE OBLIGATOIRE

III. LES CAISSES LOCALES DE MALADES EN ALSACE ET EN LORRAINE

IV. LA CAISSE LOCALE DE MALADES DE STRASBOURG-VILLE

V. LES CAISSES-MALADIE D'ENTREPRISES ET DE CORPORATIONS

VI. LE SYNDICAT DES CAISSES-MALADIE D'ENTREPRISES ET DE CORPORATIONS DU BAS ET DU HAUT-RHIN ET DES RÉGIONS LIMITROPHES

Pages

VII. L'ASSOCIATION LORRAINE DES CAISSES DE MALADIE DES ENTREPRISES MINIÈRES ET INDUSTRIELLES

CHAPITRE IV

L'Assurance des invalides et des survivants

A. INSTITUT D'ASSURANCE SOCIALE D'ALSACE ET DE LORRAINE (INVALIDITÉ-VIEILLESSE)

B. LES CAISSES MINIÈRES

CHAPITRE V

Assurance - accidents

A. APERÇU GÉNÉRAL DE L'ORGANISATION DE L'ASSURANCE-ACCIDENTS EN ALSACE ET EN LORRAINE

B. ASSURANCE CONTRE LES ACCIDENTS INDUSTRIELS

C. ASSURANCE CONTRE LES ACCIDENTS DU TRAVAIL DANS L'AGRICULTURE

Pages

CHAPITRE VI

Assurance des employés

LA CAISSE D'ASSURANCE DES EMPLOYÉS EN CAS D'INVALIDITÉ DE VIEILLESSE ET DE DÉCÈS A STRASBOURG

ANNEXE

Mode de calcul des cotisations dans les assurances sociales

A. ASSURANCE-MALADIE

B. ASSURANCE-ACCIDENTS

C. ASSURANCE-INVALIDITÉ

TABLEAUX

ASSURANCE DES EMPLOYÉS

MODE DE CALCUL DES COTISATIONS DANS LES ASSURANCES SOCIALES

TABLEAUX GRAPHIQUES

TABLE DES GRAVURES

Impr. Strasbourgeoise
15, Rue des Juifs, 15

www.ingramcontent.com/pod-product-compliance
Ingram Content Group UK Ltd.
Pitfield, Milton Keynes, MK11 3LW, UK
UKHW022021170726
13837UKWH00001B/324

9 782329 261843